# ウクライナ侵攻とロシア正教会

この攻防は宗教対立でもある

Sumi Shigeki
角 茂樹

KAWADE夢新書

# 序章
# ロシアとウクライナの歴史に深く関わる正教会

## ◉ロシアはなぜ、ウクライナに侵攻したのか

ウクライナの首都キーウ（キエフ）は、１０００年の歴史を誇る古都です。市内には、聖ソフィア大聖堂、ペチュルスカ大修道院、マリンスキー宮殿といった教会や宮殿が立ち並び、戦後首相となった芦田均は、ロシア革命のさなかにキーウを訪れていますが、その思い出として「キーウは奈良七大七堂の盛大を思い起こさせる街である」と記しました。

そのキーウが、２０２２年2月24日、ロシアのミサイル攻撃を受けたというニュースは、世界を震撼させました。

著者は、２０１４〜１９年の4年3か月間、日本の駐ウクライナ大使としてキーウに滞

在しましたが、それはちょうど、２０１４年に起きたロシアによるクリミア併合とドンバス侵攻の直後でした。それからのウクライナは、東部ではロシアとの紛争を抱えつつも、ＥＵ（欧州連合）とＮＡＴＯ（北大西洋条約機構）への加盟をめざして国内改革に取り組み、キーウは日々、美しい街に生まれ変わるという状態で希望にあふれていました。

ロシアがなぜウクライナに侵攻したかを考えるとき、それは単に、ＥＵとＮＡＴＯによる東方拡大をロシアが阻止するために行ったというだけでは、説明できません。ロシアは、14世紀にモスクワ公国として勃興(ぼっこう)して以来、ロシア特有の文化、ビザンティン帝国の流れをくむ正教会、そしてロシア語という世界に閉じ込もったまま現代を迎えた国といえます。

一方、ウクライナは事情が異なります。10世紀に現在のウクライナにあった大国キーウ（キエフ）・ルーシ公国が、正教会と呼ばれるキリスト教をビザンティン帝国から受容しながらも、西のカトリック強国であるポーランド、オーストリア帝国と、東の正教強国であるロシア帝国に挟まれながら、独自の文化を形成保持するために格闘してきたのです。

現在のウクライナには、❶ロシア系の正教会、❷キーウ系の正教会、そして、❸儀式は全く正教会と同じながらローマ教皇に従うギリシャ・カトリック、という三つの教会が併存しています。この複雑な状況を理解するためには、キリスト教――もう少し詳しく言うと、ビザンティン帝国の流れをくむ「東方正教会」と呼ばれる教会――を理解する必要があります。

正教会が、ロシア及びウクライナとどう関わってきたかを理解しないと、今回のロシアによるウクライナ侵攻がなぜ起こったかを深く理解できないからです。

## ◉正教会は、カトリックやプロテスタントと何が違う？

キリスト教には、大きく分けてカトリック、プロテスタント、そして東方正教会と呼ばれる宗派があります。日本で一番知られていないのは、このうち東方正教会と呼ばれる教会でしょう。現在、世界に約2億8000万人の信者がいるといわれています。

カトリック教会がローマ教皇を頂点にピラミッド型の組織になっているのに対し、正教会は、各国の「総主教」、または「首座府主教」と呼ばれる首長が並列して存在しているところに特徴があります。

教会は、イエスの教えを信じた人が共同体を作ったことに始まりますが、11世紀にカトリック教会と正教会に分裂します。正教会の中心であったコンスタンティノープルは、15

世紀にオスマントルコに征服され、町はイスラム世界の中心となりますが、スラブに広がった正教会はロシアの地に根を下ろします。「ロシア正教会」と呼ばれる教会の誕生です。

正教会は、カトリック、プロテスタントと比べると、政治との関係で異なる立場を取ります。政治と教会は「分離」ではなく「調和（シンフォニー）」の関係にあるという考えを持つのです。

ロシア正教会の神父が核兵器の祝福（兵器がその目的を果たすよう神の恵みを願う行為）をも行っていることを知ると驚く人がいますが、正教会が政治と密接に結びついていることを理解すれば、納得できることでしょう。もっとも、核兵器の祝福に関しては正教会の中にも反対する人たちはいますし、政治と近すぎることを危惧する人たちがいることも事実です。

## ◉ウクライナの独立と正教会の独立を巡る問題

1991年、ウクライナは長い闘争を経て独立を達成します。しかし、ここからが、ロシアとEUとのはざまに置かれたウクライナの、自立への道のりの始まりでした。

2019年にウクライナ正教会がロシア正教会から分離独立するに際しては、プーチン大統領、ポロシェンコ大統領といったロシアとウクライナのトップをも巻き込んだ政治問題に発展しました。

また、各国の正教会内においても、ウクライナ正教会の独立を支持する教会と、支持しない教会との間で分裂が起こっています。これまで「同じ信仰によって結ばれている」ことで一致を保ってきた正教会に、亀裂が走ったのです。

著者は、大使を務めていた時代にポロシェンコ大統領、ヤツニューク首相をはじめとする政財界の要人と親しく交わるとともに、ウクライナ各地に出張して現地の人々とも交流しました。

また、各教会の指導者と親しく交わる機会を得ましたし、点在する大修道院や教会を訪ねた経験もあります。教会という全国にネットワークを持つ組織を通じて交流ができたことは、現地の人々の思いを知ることに役立ちました。

こうした交流から得た経験を踏まえて本書で記すのが、今日に至るまでのウクライナとロシアとの関係の歴史です。ロシアとウクライナの指導者が、自己の政策目標を実現するための手段として、いかに正教会を重要視してきたかが理解できると思います。

### ◉侵攻がキリスト教会に与えた影響とは

ロシアがウクライナに侵攻し多くの市民が殺されたことは、各国の正教会、そしてローマ教皇庁に衝撃を与えました。同じ洗礼を受けたキリスト教徒が殺し合ったからです。今回の侵攻は、正教会とキリスト教会全体を揺るがす大事件なのです。

ロシア正教会の中心であるモスクワ総主教庁（モスクワ及び全ルーシ〔ロシア〕の総主教庁）がロシアの侵攻を支持した一方、各国の正教会、そしてカトリック教会のローマ教皇は、戦争の中止と平和を訴えました。

ただ、この状況にあってプーチン大統領とロシアを直接非難するか否かについては、教会の内部においても温度差があります。いずれにせよ、この事件の対応をめぐって、正教会内でさらなる分裂が起きることは明らかでしょう。

なお、本書の意見は著者個人の意見であり、著者が以前属した日本国政府、外務省の意見ではないことをお断りしておきます。

２０２２年８月　　　　角　茂樹

【本書で使用する用語について】

・教会用語については、日本の正教会は明治時代にロシアからの布教で始まったので、ロシア正教会の用語を日本語に訳したものを現在も使っています。キリストのことを「ハリストス」、典礼を「奉神礼（ほうしんれい）」、聖職者を「神品（しんぴん）」と呼ぶのは、その一例です。一般になじみのない用語ですので、本書においては、一般の読者によりわかりやすい用語を併用しています。

・ウクライナの地名は原則として、２０２２年のロシアによる侵攻後に、ウクライナ側の希望で変更された表記を採用しています。（例）キエフ→キーウ

・その他の地名、人名など固有名詞は、日本において使用が確立しているものは、その表記を使用しました。（例）サンクトペテルブルク、ヨハネ・パウロ２世

ウクライナ侵攻とロシア正教会　もくじ

## 序章 ロシアとウクライナの歴史に深く関わる正教会



## 1章 キリスト教三大教派の一つ「正教会」とは何か

### キリスト教誕生から、カトリック教会と東方正教会の分裂まで

## 2章　キーウ・ルーシ公国と正教会の長い歴史

9世紀～19世紀

## 3章　正教会、共産党政権下で弾圧される　1917〜1990



## 4章　ソ連崩壊とウクライナ正教会の独立問題　1991〜2013

## 5章 ロシアによるクリミア併合とプーチンの失敗 2014〜2018

## 6章 2022年のウクライナ侵攻の真実 2019〜

## 終章　モスクワを正教会の中心地にしたいのなら



装幀＊こやまたかこ
地図版作成＊AKIBA
図版作成＊センターメディア

サンクトペテルブルク
エストニア
ラトビア
リトアニア
モスクワ
ウラジミール
ロシア
ミンスク
ベラルーシ
ワルシャワ
チョルノービリ
キーウ
ハルキウ
ドネック
マウリポリ
ウクライナ
ドニプロ川
ザポリージャ
リビウ
モルドバ
アゾフ海
ジョージア
オデーサ
ルーマニア
セバストポリ
黒海
イスタンブール
ブルガリア
アンカラ
ギリシャ
トルコ

# ウクライナとロシアの世界

# 1章 キリスト教三大教派の一つ「正教会」とは何か

## キリスト教誕生から、カトリック教会と東方正教会の分裂まで

### ◉キリスト教の誕生

まずキリスト教について、簡単に説明することから始めます。キリスト教は、2000年前、現在のパレスチナの地に生まれたイエス・キリストを神の子であり、救い主であると信じる教えです。そのイエスが、弟子たちの共同体として設立したのが教会です。

日本で知られているのは、カトリック教会とプロテスタント教会ですが、もう一つ東方正教会という教会があり、世界に約2億8000万人の信者がいるといわれています。日

本においては、ギリシャ正教会、ハリストス正教会、ロシア正教会とも呼ばれることがあります。

教会の誕生を、イエスの時代の前にまで遡って説明しましょう。紀元前２０００年ごろに、アブラハムという人が現在のチグリス・ユーフラテス川付近から、パレスチナに移ってきました。キリスト教を生む母体となったユダヤ教の太祖といわれる人です。後世、ユダヤ人と呼ばれるこの人たちは、唯一絶対の神であるヤーウェに対する信仰を持つ、異色の存在でした。当時は多神教が普通だったからです。

ユダヤの人々は多くの苦しみを経験しますが、その苦しみの中から、いつかヤーウェが救い主を遣わして自分たちを苦しみから救ってくれるという信仰が生まれました。そして今から２０００年前のパレスチナの地に、イエスという伝道者が現れます。イエスは自らを神の子であるとして、多くの奇跡を行いながら、パレスチナの地で神の国が近づいたとの教えを述べ伝えました。

イエスには、12人の弟子（使徒）をはじめ、「この方こそが救い主である」と信じて従う人がいました。ところが、ユダヤ人の中には、イエスを偽者だとする人たちもいたのです。この人たちは、神の遣わす救い主であれば、ユダヤ人が統治する世界を打ち立てるはずだと考えたのです。ユダヤ人を神に選ばれた民と考える「選民思想」です。

これに対してイエスは、自分の王国はこの世ではなく天にあると述べるのですから、意見は嚙み合いません。結局イエスは捕らえられ、十字架にかけられ殺されてしまいます。

ところが、イエスが3日後に蘇ったとの信仰が生まれ、散り散りになった弟子たちが再びエルサレムに戻ってきます。弟子たちは、人類の犯した罪をイエスが十字架にかかることで償い、復活することで、苦しむ人々に復活の喜びを与えたと伝道し始めたのです。

12人の弟子は、エルサレムの地から各地にイエスの死と復活を伝えますが、中でも一番弟子とされたペトロはローマに赴き、そこで殉教します。そのペトロの後継者とされたのがローマ教皇です。他の弟子たちもローマ帝国のあちらこちらで布教を行い、その後継者が中心となって教えを広めていきます。

キリスト教は、当初ローマ帝国において迫害されました。多神教を認めない一神教で、皇帝が神であることを否定したからといわれています。しかし、迫害は常に起こったわけではないので、迫害の手が緩むと、キリスト教は多くの信者を獲得していきました。イエスの教えと行動を中心にまとめた聖書が編纂されるのも、2～3世紀にかけてです。大きな変化が起きたのは、３１３年のことでした。時のローマ皇帝コンスタンティヌスが、キリスト教を公認したのです。この皇帝はまた、帝国の首都をローマから黒海に面したビザンティウムと呼ばれた地に移し、自らの名前をとって「コンスタンティノープル」と名付けました。

皇帝がキリスト教を公認すると、皇帝の統治権は神に与えられたもの（王権神授説）で、それは教会を通して実現するのだという考えが受け入れられます。その代わり、皇帝には教会を庇護（ひご）する役割と、人民をキリストの教えに基づいて統治することが求められました。

## ◉公会議で「教え」が決定される

このころから「イエスとは何者か」について、ローマ帝国の各地でいろいろな説が唱えられるようになります。聖書には「イエスは、神の子であり救い主である」と記されていますが、それではイエスは神なのか？　それとも人間なのか？　という問題です。

イエスが神ならば、その父である神との関係がわからなくなります。父と子といった複数の神がいることになり、これはキリスト教が否定する多神教になってしまいます。

コンスタンティヌス帝は、ローマ帝国を統一していくためにも、このような混乱は避けたいと考えました。そのため、自らが音頭を取って各地の教会の指導者を集め、議論を行

## 古代五大教会

いました。これは、行われた地の名ニケア（現トルコ）からとって「ニケアの公会議（正教会では「全地公会議」）」と呼ばれます。以後、787年までに七つの公会議が開かれます。特に第1回のニケアの公会議（325年）と、第2回のコンスタンティノープルの公会議（381年）の決定は、のちに「ニケア・コンスタンティノープル信条」と呼ばれ、これを信じると公にすることがキリスト教徒に求められました。

イエスについては、神としての本質は父なる神と同一だが、人としての本質も備えているとされ、神の働きは聖霊によってなされるという「三位一体（さんみいったい）」と呼ばれる教えが確立したのです。

この七つの公会議は、カトリック教会と正教会が分裂する以前の公会議なので、カトリック教会と正教会の間で違いはありません。

キリスト教会は、5世紀までにローマ、コンスタンティノープル、アレキサンドリア、アンティオキア、そしてエルサレムの司教（主教）の5人によって地域ごとに分割する仕組みができていました。これを「ペンターキー（5人による統治）」といいます。

この5人は、いずれもイエスの弟子が設立した教会の後継者として、絶大な権威を有していました。これを「使徒継承の権限」といい、その教会を「使徒継承の教会」といいます。その中で、ローマ教皇はイエスの一番弟子であり、12使徒の長であったペトロの後継者であるから、カトリック教会全体の首長と認められているのです。

また、ペトロの後継者であるローマの司教は、5人の司教（主教）の中においても名誉上、筆頭の地位を占めていることが、公会議の決定においても確立しました。

## ◉ローマ帝国の分裂とイスラム教の台頭

395年にローマ帝国は東西に分裂し、次いで476年、西ローマ帝国はゴート族に滅ぼされてしまいます。これはローマ教皇を庇護する皇帝がいなくなったことを意味します。

形式的には、残った東ローマ帝国の皇帝がローマ教皇を庇護すべきとされ、6世紀のユスティニアヌス帝は、東ローマ帝国の版図（はんと）を地中海全土に広げることに成功しますが、その後、西ヨーロッパはゴート族が支配するところとなります。そうすると困ったのは、ローマ教皇です。教会は軍事力を持ちませんし、コンスタンティノープルにいる皇帝の庇護を頼めないとなると、独力で庇護者を見つけなくてはなりません。

こうして800年、教皇は、フランク族の長であったカールをローマで戴冠させることにより、カトリック教会の新しい庇護者と認め、962年にはオットーⅠを皇帝とする神聖ローマ帝国の樹立を宣言します。しかしこれは、自らがローマ帝国を引き継ぐと考えていた東ローマ帝国の皇帝を当惑させます。彼は、ローマ教皇が東ローマ帝国皇帝の許可を得ず、勝手に神聖ローマ帝国をつくったことを非難しました。

教会にとってもう一つの問題は、イスラム教の台頭でした。6世紀にアラビア半島に起こったイスラム教はまたたく間に勢力を伸ばし、8世紀までにアレキサンドリア、エルサレム、アンティオキアの総主教庁が管轄する地域をイスラム教世界に変えてしまったのです。これらの総主教庁はイスラム世界にあっても存続を許されますが、その影響力の低下は避けられませんでした。

そうなると、ペンターキーを構成していた五つの総主教（大司教）庁のうち、ローマとコンスタンティノープルの二つがキリスト教世界の事実上の中心となりますが、それと同時にローマとコンスタンティノープルの間で、どちらがキリスト教世界のトップであるかを争う動きが生まれます。

コンスタンティノープルの総主教庁は総主教の首座（トップ）であるとして、ローマ教皇に対抗する形で「全地総主教」という称号を唱え始めたのです。

ちょうどそのころ、信仰箇条をめぐって大きな論争が起こりました。これは神学論争なのでキリスト教徒以外にはわかりにくいのですが、現在もカトリックと正教会における主要な論争なので、少し説明したいと思います。

### ◉カトリック教会と正教会の間で生まれた問題

イエスとは神なのか、人間なのか、神性と人性の両方を持つのかといった論争があったことはすでに述べました。この論争は、451年に開かれた「カルケドンの公会議」で一応の決着を見ます。カルケドンの公会議において、神は、父と、子と聖霊（正教会では「聖神」）という三つのペルソナからなり、三つのペルソナは、互いに交わりも分離もしないという、世にいう「三位一体（さんみいったい）論」を最終的に宣言しました。

何のことかよくわからないと思われるでしょうが、それは当然の反応です。事実、多くの教会がカルケドンの教義を受け入れることを拒否しました。難しすぎて理解できなかったのです。エチオピアやエジプトに「コプト」と呼ばれるキリスト教会がありますが、これらの教会は「非カルケドン派」といって、このとき袂（たもと）を分かった教会なのです。

ともかく、この神の三位一体論において、ニケア・コンスタンティノープル信条（22頁）では聖霊に関して、父なる神より発すると規定していました。あくまでも父なる神が中心で、そこから神の子であるイエスと聖霊が生まれて、三つのペルソナを有する唯一の神になったとの論法です。

これに対し、カトリック教会では6世紀ごろから、「聖霊が父なる神のみならず、神の子イエスからも発する」との用語を信仰箇条に加える祈りが始まり、それが11世紀の初めになってローマ教皇に正式に認められたのです。しかし、これが大きな問題となりました。いわゆる「フィリオクエ論争」です。

フィリオクエはラテン語で「また子より」の意味。変更したカトリックは大した問題ではないとして収めようとしても、一度決まったことを変えたわけですから、正教会からしてみれば公会議の根本を揺るがす暴挙と捉えられました。

事実、10世紀にコンスタンティノープルを訪れたベニスの人たちが、肉屋で買い物をしようとしたところ、肉屋の主人が、西ヨーロッパでは聖霊が父なる神と神の子であるイエスとの双方から発せられるとされているが、間違いではないかとの論争を挑んできたとあります。コンスタンティノープルでは、肉屋の主人までが神学上の問題を議論していることに驚いたのです。

ちなみに現在でも、実証不可能な問題を議論する神学論争を指して「ビザンティン論争」というのは、このことが由来です。

### ◉1054年、カトリック教会と正教会が分裂する

そんな中、1054年に事件が起こります。

この年、ローマ教皇レオ9世の使節としてフンベルト枢機卿（すうききょう）（カトリック教会で教皇の次の高位とされる聖職者）が、コンスタンティノープルを訪れました。このとき、コンスタンティノープルの全地総主教（25頁で説明）ミハイル1世は、フンベルトが教皇至上主

義者であり、フィリオクエ問題に関しては、カトリックの考えが正しいと信じる頑(かたく)なな人間であるとして、会見を数か月拒否し続けたのです。

これを非礼としたフンベルト枢機卿は、6月16日、ハギア・ソフィア大聖堂にある総主教の宝座に、ミハイル1世とその同調者に対する破門状をたたきつけましたが、ミハイル1世もフンベルトとその一行に対する破門を宣言しました。これが、カトリックと正教会の分裂（大シスマ）と呼ばれる出来事です。

しかしこの出来事を詳しく見ると、いくつかの疑問がわきます。

❶フンベルト枢機卿の破門状はローマ教皇の許可を得たものではないこと（このときローマ教皇レオ9世は亡くなっており、その後継者も決まっていなかった）、❷破門の対象があくまでも総主教ミハイル1世に対してであり、正教会全体に対するものではないこと、❸ミハイル1世側から出された破門宣言もフンベルト枢機卿とその一行に対するもので、カトリック教会全体に対するものでなかったことがわかります。

カトリックと正教会の分裂は、このときに起こったのではなく、長い時間を経て避けられないものになっていたわけですが、１０５４年の出来事はそれを象徴する事件だったと考えるのが妥当でしょう。

さらに13世紀になると、カトリック教会と正教会の分裂が決定的になります。1202年、ローマ教皇がパレスチナの聖地をイスラム教徒から取り返すために派遣した第4回十字軍が、現地には行かずに、こともあろうにコンスタンティノープルを攻略し、正教徒を虐殺したうえで占領するという暴挙に出たのです。

そしてコンスタンティノープルにあった聖遺物、財宝を持ち去った十字軍の司令官は「ラテン帝国」なるものを勝手に設立（1204年）したのです。ローマ教皇はこの蛮行に驚愕しますが、一方で、これがある意味、東西教会の統合につながることには祝福を与えています。

### ◉再合同が試みられるも、問題は未解決のまま

1261年、ラテン帝国はビザンティン帝国に再征服され、コンスタンティノープルの全地総主教はその地位を回復しますが、ビザンティン帝国の力は著しく弱まり、そのころ台頭してきたオスマントルコに脅かされ始めます。

15世紀になると、ビザンティン帝国の領土はコンスタンティノープルとその周辺のみに限られるようになったため、これに脅威を覚えたコンスタンティノープルの皇帝ヨハネス

8世は、ローマ教皇に助けを求めました。

これを受けてローマ教皇は、教皇の首位権を認めること等いくつかの条件を出したうえで、1439年にフィレンツェにおいて公会議を開催します。そこにビザンティン皇帝ヨハネス8世をも招いて、カトリック教会と正教会の合同文書に署名をしました。形の上で再合同は成り立ったのです。

しかし、正教会の代表が、合同文書をそれぞれの主教区に持ち帰ると、多くの聖職者、信徒からの反発を受けて事実上、無効となってしまいます。教皇の首位権をはじめ、正教会にとっては認めがたいことが含まれていたからです。コンスタンティノープルの大臣兼軍司令官などは「教皇の冠を見るくらいなら、イスラム教徒のターバンを見るほうがまだまし」と述べたほどです。

1453年、コンスタンティノープルは、オスマントルコの手に落ちます（ビザンティン帝国の滅亡）。正教会を代表する壮麗なハギア・ソフィア大聖堂も、モスクに変えられてしまいました。コンスタンティノープル全地総主教の存続こそオスマン帝国は認めましたが、ローマ教皇に並ぶといわれた全地総主教の権威は著しく失墜したのです。

時代は下って1965年12月、ローマ教皇パウロ6世と、アテナゴラス・コンスタンティノープル全地総主教は、互いに1054年の破門宣言を無効とします。このときも教皇と全地総主教は、互いの個人名で破門を無効としましたが、これは1054年の破門宣言が教会全体に対する破門ではなく、個人に対する破門であるとの認識があったからです。

しかし、当時から両教会の間で問題となっていた教皇の首位権、信仰箇条のフィリオクエ問題といった諸問題は何ら解決されておらず、カトリック教と正教会の一致は成し遂げられていません。

## キリスト教の教会とそれぞれの特徴

ここまでは、キリスト教の勃興からカトリック教会と東方正教会が分かれるまでの歴史をなぞりました。ここからは、キリスト教の三つの教会――カトリック教会（ギリシャ・カトリック教会含む）、プロテスタント教会、正教会――について簡単に説明しましょう。

### ◉カトリック教会

カトリック教会は、世界に約12億人の信者を有するキリスト教最大の教会です。聖書には、イエスの弟子の一人であるペトロに対し、天国の鍵を与えるとともにペトロ（「岩」の意味）の上に教会をたてると述べたと記されています。

また、他の箇所には、イエスはペトロに対し「羊（信徒）を牧しなさい」と述べたとの記述があります。ペトロはその後、ローマに赴きそこで殉教します。その後継者がローマ教皇です。イタリア語でパパ、英語ではポープと呼ばれますが、これは「教えの父親」という意味です。

カトリック教会は、ペトロはイエスから12弟子の中で首位の地位を与えられたと考えており、その後継者である教皇が全教会の首位権を有すると考えています。

東方正教会はペトロが一番弟子であることは認めていますが、ペトロが他の弟子の上に立つ存在であったとは認めていません。従って、その後継者である教皇が他の主教の上に立つ首位権を持っていることも認めていません。あくまでも重要事項は、教会の指導者が集まる公会議において決定すべきであると考えているのです。

ローマ教皇は、中世期においては絶大の権力を有していました。そもそも俗世の最高位である皇帝の位も、教皇が認めなければ得られなかったのです。また現在と違い、「国民」という概念が中世にはありませんでした。

例えば、19世紀初めまでのイタリアの地図を見ればわかりますが、ローマ教皇領、ナポリ王国、ベニス、ミラノ公国といった小さな国があっても、イタリアという国は存在しません。イタリア人という意識を、誰も持っていなかったのです。

産業革命が起こる以前の農村を中心とした社会に生きる人たちにとって、生まれ育った村の社会が世界のすべてであり、その村の中心は、洗礼、結婚式、葬式だけでなく教育、医療、貧しい人に対して救済事業を行う教会でした。

そのネットワークをヨーロッパ中に張りめぐらす教会の権威は、絶大なものでした。しかしその権威も、16世紀にプロテスタント教会が発生したことと、近代に「国民」という意識を中心とした国民国家の出現で、著しく揺らぐようになります。しかし世俗の権力は失っても、宗教界における権威は絶大なものがあり、現在も教皇の発言は、国際社会に大きな影響力を及ぼしています。

近代に入っても、ポーランド出身のヨハネ・パウロ2世は、冷戦の終結と共産主義の崩壊に大きな役割を果たしました。教皇は、バチカンという独立国によってその地位を守られているので、特定の政府の圧力を受けることもありません。そのため、その発言は特定の国の利益ではなく、世界の良心を代表するものとして世界に訴えるのです。

教皇フランシスコとウクライナ問題に関しては、のちほどお話しします（6章）。なお、カトリックとは「全世界で受け入れられるべき普遍の教え」という意味です。

## ◉ギリシャ・カトリック教会

カトリック教会ではありますが、ウクライナには、ギリシャ・カトリック（東方典礼カトリック）と呼ばれる教会があります。これは、儀式典礼は正教会と同じですが、ローマ教皇の首位権を認めている点が他の正教会と異なります。

ウクライナにおいては、16世紀にブレスト合意（90頁）によって誕生しました。西部を中心に多くの信者がおり、19世紀以降のウクライナ独立運動の精神的支柱となりました。それだけに、ロシア帝国及びソビエト連邦時代には大きな迫害を受けます。

ウクライナのギリシャ・カトリックの最高位には「首座主大司教（Major Arch Bishop）」という称号が、ローマ教皇から与えられています。

ギリシャ・カトリックのことをユニエイト（再統一派）と呼ぶことがありますが、これは、正教側が「裏切り者」という意味を込めて付けた蔑称なので、ギリシャ・カトリックでは使わない用語です。

なおウクライナには、ラテン典礼によるカトリック教会も存在しており、主にポーランド系の住民が多く属しています。

## ◉プロテスタント教会

中世、西ヨーロッパのカトリック圏ではローマ教皇の権威が大きかったのですが、中世も終わりに近づいた16世紀になると、教会に抑えつけられていた各地の領主の中から不満を持つ者が出てきます。特に、ローマから遠く離れたドイツと呼ばれた地方の諸侯の中に、カトリック教会の権威と権力に挑戦する者が出てきます。

1517年、マルティン・ルターという神父が、キリスト教徒は聖書を聖典として神と直接つながればよいのであって、教会に神の意志を一つ一つ解釈してもらう必要はないと説いたのです。それまで教会に、政治問題にまでいちいち口をはさまれ、そのうえ教会税という税金まで搾り取られていたドイツの領主にとって、これは願ってもない考えでした。ルターは、ドイツの領主に守られつつ、その考えを広めていきます。特にスイス、北ヨーロッパにその考えが広まります。これがプロテスタントです。プロテスタントとは「抗議する者」という意味です。

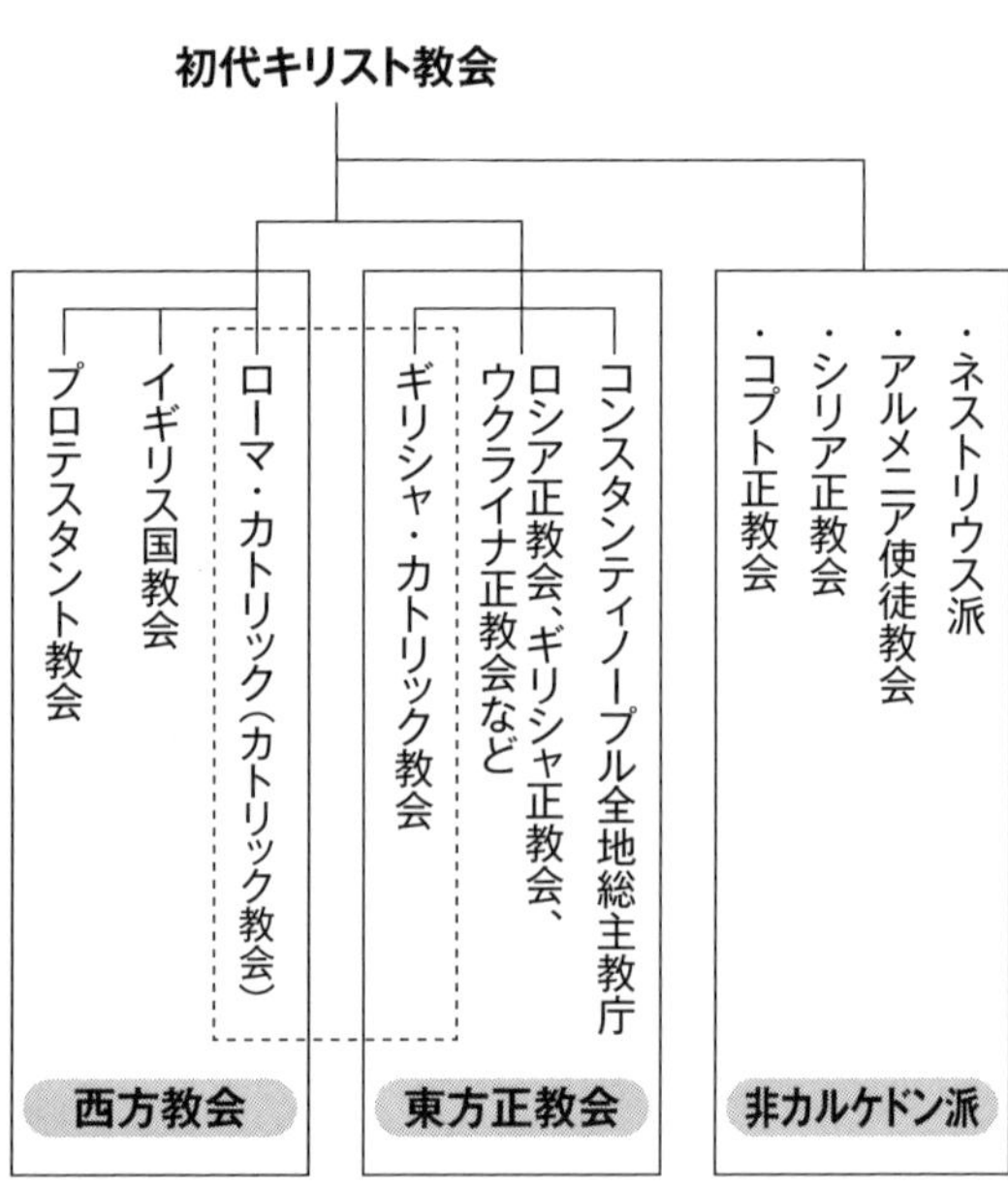


プロテスタントは、それぞれの個人が信仰によって神とのつながりを持つことを教えの中心としました。その結果、プロテスタントの中においても、神の理解、聖書の理解について異なる考えが出てきますが、「これが正しい」と決める権威が教会にはありません。

こうしてルターが始めたプロテスタント教会は、その後、ルター教会、長老教会、メソジスト教会、バプティスト教会、クエーカーといった異なる考えを持つ教会を、次から次へと生んでいきます。最近、米国で話題になっている原理

## キリスト教三大教派の違い

| | カトリック | プロテスタント | 東方正教会 |
|---|---|---|---|
| 信者数（2016）<br>※『ブリタニカ国際年鑑2020年版』より | 約11億8922万人 | 約5億5000万人 | 約2億8244万人 |
| 地域 | 西欧、中南米、フィリピンほか | 米国、英国、西欧ほか | ギリシャ、ロシア、ウクライナなどの東欧 |
| 聖職者 | 教皇、司教、司祭、修道士、修道女（結婚は認められない） | 牧師（妻帯は認められる） | 総主教、主教、司祭（一部の司祭に限り妻帯が認められる）、修道士、修道女 |
| 特徴 | ・聖書と聖なる伝統を重視<br>・組織はピラミッド型でローマ教皇が首位権を有する<br>・使徒から継承された教会であることを重んじる | ・聖書が中心<br>・組織に上下関係はなく各教会の独立性が強い<br>・教会の権威よりも神と個人のつながりを重視<br>・プロテスタント教会はカルバン、ルター、メソジストといった諸派に分かれる | ・聖書と聖なる伝統を重視<br>・各国の総主教、または首座府主教が並列して存在する<br>・ローマ教皇の首位権を認めない<br>・イコンを重んじる<br>・使徒から継承された教会であることを重んじる |

主義教会も、プロテスタントの一つの流れの中にあります。

カトリック教会、正教会ももちろん個人と神とのつながりを大切にしますが、教会は神によって集められた民が構成していると考えます。そして、その民を司牧（しぼく）（教会を管理し信徒を指導すること）して導く権威が教会にあると考えるわけです。

プロテスタントの教会に行くと、正面に十字架こそ置いてありますが、内装は簡素です。神と人が直接つながればよいと考える人にとって、カトリック教会のような余計な装飾は無用なのです。日曜日の礼拝も、牧師の話を聞きながら参加者がそれぞれ神を感じて、祈りを捧げるというスタイルをとっています。

プロテスタントはこのように聖書を信仰の中心に置くため、聖書研究は、カトリック教会、正教会に比べて大幅に進歩しました。

また米国においては、その建国時に、プロテスタント教会の集会を中心に運営が行われたため、教会の権威によって決定がなされるのではなく、牧師を中心とした話し合いによる決定が力を持つという伝統ができあがりました。そのやり方が村、町、州に広がり、物事を人々が参加して決めるという米国民主主義が発展したという経緯があります。

### ◉正教会

正教会のことを「ギリシャ正教」とか「ロシア正教」と呼ぶことを、皆さんも聞いたことがあるかと思います。なぜそのように呼ぶのでしょうか？

まずは「ギリシャ正教」と呼ぶ理由から説明しましょう。

そもそも、イエスの使徒たちが伝道したときの知識人たちの共通言語は、ギリシャ語です。従って、イエスと弟子たちの言動を教会が2～3世紀にかけてまとめた際、それはギリシャ語で書かれました。新約聖書です。イエスがギリシャ語を話したのではありません。

ユダヤの人々が持っていた聖書、つまりキリスト教徒が旧約聖書と呼ぶユダヤの書はヘブライ語で書かれていましたが、これはすぐにギリシャ語に訳されます。他方、ローマ帝国の西側での日常語はラテン語でしたから、ギリシャ語で書かれた聖書はラテン語に翻訳されます。いろいろな訳がなされましたが、その中でも4世紀にヒエロニムスという人が訳したラテン語の聖書が、カトリック教会の聖典となりました。

以降、カトリック教会はラテン語で典礼を行います。これがミサと呼ばれるカトリックの典礼です。ミサはイエスの最後の晩餐の再現です。この伝統は、1962～65年にかけて開かれた「第2バチカン公会議」において、各国の国語でミサを行うことが許されるまで続きます。

他方、ローマ帝国の東部はギリシャ語が主流でしたから、典礼（正教会では「奉神礼（ほうしんれい）」）もギリシャ語で行われていました。

こうして長い間、聖書はヘブライ語、ギリシャ語、そしてラテン語で読むこととされていたのです。そして、ギリシャ語で典礼を行うことから東方教会をギリシャ正教、ラテン語で典礼を行う西方教会をラテン・カトリックと呼ぶようになったのです。

次に「ロシア正教」という用語ですが、正教会においては、9世紀にスラブで宣教を始めた際、ここの人たちは当然ギリシャ語を理解しませんから、ギリシャ語をスラブ語に訳しました。すると当然、スラブ語圏では以降、スラブ語に訳された典礼が行われます。スラブ語で典礼を行っている教会の中に、ロシア正教会があるのです。

1861(文久元)年、日本に正教会の教えを伝えたのが、モスクワに総主教庁をおくロシア正教会の神父であったニコライでした。このことから日本では、正教会のことをロシア正教会とも、ハリストス教会とも呼ぶようになったのです。ハリストス教会というのは、キリストのロシアでの発音がハリストスだからです。なお、教会のスラブ語は古スラブ語なので現地の人にも理解できません(79頁)。

現在のスラブ系の正教会においては、古スラブ語と共に現代のロシア語、ウクライナ語などで典礼が行われます。しかし日本正教会では、ニコライ師が訳した文語体の日本語が典礼(奉神礼)で使われています。なお、最も重要な奉神礼である聖体礼儀のことをミサとは呼びません。ミサはラテン語だからです。

次に、正教会の特徴を説明しましょう。

正教会は聖書のみならず、「聖伝」を教えの源泉と考えています。聖伝とは「聖なる伝統」です。聖書はもちろんですが、7回の公会議（全地公会議）の決定、その他の教会会議（シノッド）の確認、教会が伝える体験の記憶、典礼（奉神礼）、イコン、聖歌、聖遺物、教会堂、信仰告白（信経）といったことを大切にします。正教会は、このような聖伝を通して、人は神との精神的一致がなしとげられると考えているのです。

教会での典礼の一つである聖体礼儀（カトリックのミサに当たる）は、神が集めた民の集いを体験することを目的にしています。そこでは、蠟燭の光により神が光であることを実感し、イコンや聖遺物に触り、香炉のかぐわしい香りをかぎ、立ち上る煙を見て天に昇る祈りを連想し、聖歌を聞いて神の言葉を耳で聞いて体験する……といった人間の五感すべてが動員され、頭でなく心と体で神の世界を体験することに重きが置かれています。

### ◉カトリック教会と正教会の共通点

以上、述べてきたようにカトリック教会と正教会は、11世紀に分裂しましたが、どちらもその始まりをイエスの弟子である使徒に求めます（これを「使徒継承の教会」と呼ぶことは23頁で説明しました）。

また、分裂する前に開かれた7回の公会議が双方の教会の教えの基礎となっています。従って、教会は使徒の後継者とされる教皇、主教、司教によって司牧（しぼく）されており、そうした教会そのものに大きな権威があると考えるのです。

聖書は最高の聖典ですが、読むとわかるように、そこには相反する言葉が多々記されています。また、聖書の考えを実生活に応用する場合に疑問が生じる場合もあります。カトリックも正教会も聖書＝神の言葉と考えますが、聖書の解釈権は教会にあると考えます。

そもそも、聖書そのものが2〜3世紀にかけて、弟子たちがイエスの言動を記したものを教会が編集したものだからです。イエスのことを記した言い伝えや文書は数多くあり、その中から教会が正しいと認められるもの・認められないものを取捨選択して、今ある聖書にまとめていったのです。

## キリスト教は政治と戦争にどう関わってきたか

### ◉そもそも「政教分離」とは何か

日本のマスコミにおいて、キリル・モスクワ総主教がロシアによるウクライナ侵攻を支持しているという発言が報じられていますが、これを聞くと皆さんの中には、「政教分離」の原則はどうなっているのかと疑問を持つ人も多いはずです。

じつは、日本で一般的に受け入れられている政治と宗教との分離、すなわち政教分離の考え方は、正教会にはありません。

まず政教分離とは、「政治と宗教の分離」という意味ではなく、「政治と教会との分離(Separation of Church and State)」を指します。カトリック教会においても、17世紀にウェストファリア条約が結ばれて、宗教戦争に一応けりをつけるまで政治と教会を分けるという思想はありませんでした。

そもそも皇帝たちにも、教皇の手で戴冠式を行うことにより、神から統治権が与えられるという考えがありました。しかし、カトリックとプロテスタントが殺し合ったという反省から、政府が特定の教会に肩入れすることは好ましくないという政教分離の考えが生まれてきます。

特にプロテスタント教会は、神に関する考えの違いから、異なる考えを持ついろいろな教会を生んだので、それらの教会の共存を確保するためにも、政府は特定の教会に肩入れすることを禁じるという思想が生まれたのです。

### ◉政治と宗教との距離は国によって異なる

プロテスタント的思想が強かった米国では、18世紀に作られた憲法に、世界で初めて政治と教会の分離を規定しています。その意味するところは、政治が特定の教派だけに特権を与えないということです。誤解してほしくないのですが、これは、教会が政治問題を扱うことを禁止するという意味ではなく、政治家が公的な場で個人の信じる宗教で祈りを行うことを禁止するものでもありません。

これが米国的な政教分離の考え方です。実際、米国の大統領の就任式では、大統領は聖書に手を置いて宣誓を行います。

他方、カトリック教会の力が特に強かったフランスでは、19世紀の終わりから20世紀の初めにかけて、共和制主義者の間から教会が政治に口出しをすることを排除するという考えが生まれ、1905年に成立した「世俗法（ライシテ）」において、教会が政治に関与することを禁じる内容が盛り込まれました。フランス的な政教分離です。

イタリアでは信教の自由を保障するという形を取りながらも、公立学校では神父によるキリスト教を教えるクラスがありますし、公立の学校の教室には十字架がかけられています。また、政府が教会のために教会税を徴収しています。教会と政府の間で「コンコルダート」という協定が結ばれていて、両者の立場が整理されているのです。

北欧のいくつかのプロテスタントの国は、カトリックの影響を防ぐため、「ルター教会が国教である」と定めています。イギリスでは、国王が英国教会の長であるとされ、国王の戴冠式では神から国王に統治権が与えられるという形が取られています。英国の国王は国民が選んだ地位ではなく、神によって与えられた地位なのです。

このように政教分離といっても、国によって考え方はさまざまです。現在のカトリック教会は、政教分離との言い方はしていませんが、教会と政府とでは扱う分野が異なるということを認め、分離の考え方を一定程度認めています。つまり、教会は宗教、道徳を通じた万人の幸せを考えるところであり、政府は現世の問題を扱うところであるとして、扱う分野が異なるという考え方です。

### ◉正教会は「政教調和」をめざす

これに対して、正教会の考え方は少し違います。

ビザンティン帝国においては、総主教の位置づけはカトリック教会の教皇のように、地上におけるイエスの代理人という考えは取らなかったので、世俗の皇帝がしばしば宗教上の問題に介入することを認める伝統がありました。

また、教会の組織が、カトリック教会のように教皇という一人の最高指導者を頂点にピラミッド状になった組織ではなく、各国の教会のトップである総主教と首座府主教がそれぞれ独立並列している点については、これまでも述べたとおりです。

この結果、近代に至るまで、正教会の国における教会は、世俗権力の権力基盤を神学的に権威づける役割を担うようになります。近世、バルカンの正教会の国々においてオスマントルコからの独立闘争が起こると、正教会はその国のナショナリズムと結びついて、独立運動の精神的支柱となったのです。正教会と政府の関係は政教分離ではなく、「政教調和（シンフォニー）」であるとされるゆえんです。

例えば、正教会の聖体礼儀では、それぞれの国の指導者に対する祈りが行われます。日本のニコライ堂における聖体礼儀では、必ず天皇をはじめとする皇族に対して祈りが捧げられます。これは、統治権は神から与えられたという正教会の考えに立てば、当然の祈りなのです。

キリル総主教が、プーチンの政策をあからさまに支持することも、こうした事情を考えれば、ある程度理解できるかもしれません。しかし、行き過ぎた政府との癒着（ゆちゃく）は、正教会内においても問題であると指摘する人も多くいます。

特に、2022年2月に起きたロシアによる明らかな侵略戦争を、キリル総主教が正当化することについては、海外だけではなくロシア国内の聖職者からも疑問の声が上がるのは当然でしょう（詳しくは6章で述べます）。

## ◉キリスト教は戦争をどう考えるのか

ウクライナ侵攻に際しては、ロシア正教会が、政府の行う戦争にお墨付きを与えているとの指摘があります。またロシアで、教会が大量破壊兵器である核兵器の祝福さえ行っていることに衝撃を受ける人がいるようです。

まずは、キリスト教が戦争をどのように考えてきたかを考察してみましょう。

旧約聖書においては、神の意志によって行われる戦争がたびたび登場します。これに対して、キリスト教は当初、絶対平和主義の立場を取っていました。これは、イエスが捕らえられ、無抵抗で十字架にかけられたのちに復活したこと、右の頬を打たれたならば左の頬を差し出しなさいと言われたことと関係しています。

この考えは、キリスト教徒が少数の存在であり、政治に関わる必要がない場合には良かったのですが、キリスト教がローマ帝国に公認され、教会がすべての事柄に責任を持つことになると再検討が迫られます。

特に当時のローマ帝国においては、キリスト教が帝国の精神的基盤となっていましたから、その再検討は急務でした。例えば、帝国が他部族に脅かされているときに皇帝がローマの軍隊に対して、右の頬を打たれれば左の頬を出せと言ったのでは戦えません。ローマ帝国は他部族のなすがままにされてしまいます。

ローマ帝国の軍人の中にもキリスト教徒がたくさんいるのですから、その人たちに、イエスの教えと戦うことが相反していないことを説明しなくてはなりません。こうして出てきたのが「正戦論」です。

新約聖書のパウロの「ローマ人の手紙」の13章には「権威者は、いたずらに剣を帯びているのではなく、神に仕える者として、悪を行う者に怒りをもって報いるのです」とあり、また「詩編」85では「慈しみと誠は出会い、正義と平和は口づけする」と述べています。そこから、悪を正し、正義を打ち立てるための戦争は認められるという考えが出てきたのです。

それを最初にまとめたのが、4世紀の神学者聖アウグスティヌスです。アウグスティヌスは、自己の利益のためではなく、他人を助けるための戦争は義務であるとしたのです。これはその後、中世期においてトマス・アクィナスという神学者により、次のようにまとめられました。

（1）戦争の行使命令は、教会という権威あるものによって行われるべきこと
（2）正当な理由があること
（3）正しい動機に基づくこと

ところが、これは十字軍といった異教徒に対する戦争、カトリックがプロテスタントに対して起こす宗教戦争を正当化するという事態を引き起こしました。正戦が〝聖戦〟になってしまったのです。

16世紀になり、カトリック教会の権威を否定するプロテスタント教会が出てくると、ローマ教皇の権威に従わない領主が出てきます。もはや世俗の君主は、教皇の意向を気にせずに国政を行い始めたのです。これを「主権国家」と呼びます。

それまでは、何が正義の戦争かを決めるのに、君主は教会の判断を仰いでいたのですが、各国のトップは、自らの持つ主権でもって戦争を行いだしたのです。正戦という考えは後退し、戦争に良い戦争と悪い戦争の区別はなくなりました。

しかしその後、人類は第一次世界大戦と第二次世界大戦という惨禍を経験します。その反省を込めて、国連憲章では、国際紛争を解決する手段としての武力の威嚇と行使（戦争）は否定され、自衛のための自衛権と、国連安保理が認めた国際の平和の維持と回復のための武力の行使のみが、正当な戦争と認められることになりました。これは、一種の正戦論の復活です。

現在のカトリック教会は、国連憲章に沿った自衛権の行使（戦争）は、国家の義務であるとして認めています。

## ◉ロシア正教会が核兵器を祝福するわけ

次に、教会が武器を祝福することをどう考えているかについて説明します。

カトリック教会は自衛のための武力の行使を認めているので、そのために戦う兵士を祝福することは当然だと考えています。そうすると、その兵士を守る武器を祝福するのも当然であるとの考えが出てきます。

ただ、カトリック教会は核兵器、生物化学兵器などの大量破壊兵器の使用は、自衛の範囲を超えたものとして糾弾しており、こうした兵器を祝福することはありません。

それでは正教会の戦争観はどうかというと、正教会は、不正義を正す戦争を認めています。それが自衛のために限られているかといえば、必ずしもそうではないようです。むしろ、中世期のトマス・アクィナスの考えに近いでしょう。

実際、正教会は、ロシア帝国時代から武器の祝福を行ってきましたが、現在はそれが核兵器といった大量破壊兵器にまで及んでいます。プーチンはかねがね、「ロシア防衛の柱として核と正教会がある」と述べており、ロシア正教会は核兵器がロシア防衛の重要な手段であることを認めているのです。

これは核兵器産業関係者にとって、極めて都合のよい考えでした。1996年、ロシア正教会は、モスクワ郊外のダニーロフ修道院で「核兵器とロシア連邦の国家安全保障」という会議を開き、関係者と核の問題について話し合いを持っています。

2007年には、エゴール・ホロドモルという人が「正教会を守るために、ロシアには核兵器がある。ロシアが核大国であるためには正教会が必要である」という論文を発表し、「核正教会」という言葉が生まれたほどです。

核兵器の聖人もいます。ロシアで人気のある聖セラフィムという聖人が、それです。これは1991年、この聖人の聖遺物が核産業の中心地であるサロフという場所で発見されたことにちなみます。

しかしこのような考えには、正教会内から反対する意見が出されています。2019年6月、モスク総主教庁のトウトウノフ主教が「ロシア正教会の兵器祝福問題」として、

(1) 教会の祝福は、軍事勤務の遂行と祖国防衛に対してのみ行うのである。

(2) その対象は、それを行う個々の軍人に対してである。その人たちが携行する武器もまた祝福を受ける。

(3) 個人携行武器でない、核兵器といった大量破壊兵器の祝福は行ってはならない。

との報告書を発表したのです。しかし、この意見についての最終的な正教会の見解は、示されていません。

2020年6月、モスクワ郊外に建てられた巨大なロシア軍大聖堂の献堂式が行われました。内部は第二次世界大戦におけるドイツに対する勝利、2014年のクリミア併合に至るまでの、戦争に関するモザイクで埋め尽くされています。

オリジナルのモザイクには、プーチン大統領の顔まで描かれていましたが、さすがにそれは撤去されました。多くの資金をモスクワ市が負担したこともあり、この建設に関しては批判的な意見も多数寄せられたのです。

それでも、プーチンの言う、ロシア防衛の二大柱である軍と正教会が、ここでは結実しているのです。

## 正教会についてこれだけは知っておきたい

### ◉正教の教会堂に特徴的な「イコノスタシス」

皆さんは、正教の教会堂を見たことはあるでしょうか？　日本では、東京神田にあってニコライ堂の名で知られる「東京復活大聖堂」、「主の復活聖堂」（北海道函館市）、「聖使徒福音記者マトフェイ聖堂」（愛知県豊橋市）、「生神女（しょうしんじょ）福音聖堂」（京都市）が有名ですから、興味のある方はぜひ訪れてみてください。

これらの教会堂に入ると、まず目につくのが、正面にある「イコノスタシス（聖障（せいしょう））」と呼ばれるイコンがちりばめられた壁と高い天井でしょう。

神田のニコライ堂は天井が丸いドームになっていますが、このドームは「天国」を意味します。ロシアとウクライナの正教会のドームには、イエスの顔と天使が描かれているので、どこが天国を表しているかがわかります。そして壁、柱には、天国と地上をつなぐも

聖母マリアや聖人を描いたイコンがちりばめられたイコノスタシス

のとして、聖人像や聖書の物語が書かれています。

日本の正教会はドームも壁も白壁ですが、これは建てられた当時、正教会の聖像を描ける画家が日本にいなかったためであるとも考えられています。

イコノスタシスは、その奥の「至聖所（しせいじょ）」という典礼（奉神礼）を行う場所と、信徒が集う場所を隔（へだ）てています。至聖所が天国を表し、信徒が集まるこちら側がこの世を表しています。イコノスタシスは天国とこの世を分けるとともに、つなぐ役割をはたしているのです。

イコノスタシスには最上段に旧約聖書の預言者が描かれており、下段に行くに従って、イエス、聖母マリアとその使徒が描かれるという構造で、救いの歴史が表現されています。

なお、聖体礼儀では多くの香がたかれます。香の種類は豊富で、バラ、ジャスミンといった香りが聖堂内に広がります。散香の理由として、昔は、風呂に入らない農民が教会堂をうずめるとその体臭で息がつけなくなったので、よい香りで体臭を消したためともいわれています。

## ◉特に大切にされる「イコン」とは

イコンとはキリスト、聖母マリア、聖人などを描いた画像を指します。カトリック教会でも大切にされますが、正教会においてはなおさらで、イコンのない正教会は考えられません。また、正教会の信者の家には多くのイコンが壁に掛けられています。

教会では、信者は、イコンの前に置かれている蠟燭（ろうそく）台に蠟燭を捧げてからイコンの前に進み、接吻（せっぷん）したり、手を当てたりしながら祈りを捧げます。特に正教会では、聖母マリアや聖人のイコンに手を触れながら、長い間祈る人の姿を見かけます。イコンを通して悩みを聞いてもらい、慰めと希望をいただくのです。

祈りを終えて聖堂を出ると、本当に自分の悩みを聖母マリアや聖人に聞いてもらったように、すっきりとした気分になるのが不思議です。

イコンに加えて「聖遺物」と呼ばれる聖人の遺体（不朽体）、骨も大切にされ、信者は直接触れながら祈りを捧げます。

イコンや聖遺物に触れるのは、病を患（わずら）った女性が通りかかったイエスの衣に触れることにより、病が治ったとの聖書の記述（マルコ5章27～29）に基づくものです。つまり聖なるものに触れることで、神の恩寵（おんちょう）を引き出せると考えるわけです。

以下に挙げるのは特に有名なイコンです。

### 【ウラジミールの聖母】

正教会では、聖母マリアを神の子を産んだ女性という意味で、生神女（しょうしんじょ）と呼びます。これは、テオトコスというマリアを表すギリシャ語の称号を日本語に訳したものです。

このイコンは、マリアのイエス及び全人類に対する慈愛を表すものとして、最も有名なイコンでしょう。伝承ではイエスの弟子である聖ルカが描いたものとされています。

１１３１年にコンスタンティノープルの総主教からキーウ（キエフ）・ルーシ公国のドルゴルーキー大公に贈られました。しばらくキーウにありましたが、１１５３（１１５５）年にウラジミールに移されたのでウラジミールの聖母と呼ばれます。１３９５年には、モスクワ公国をティムールの軍勢から救ったとされています。

【カザンの聖母】

このイコンは、1579年にある少女が、ロシアのカザン市で聖母の夢のお告げにより見つけたとされています。カザン市の大聖堂に移したところ、多くの奇跡が起こったため、ロシアの守護イコンと呼ばれてきました。

1904年に盗難に遭いますが、1970年、フランスの骨董店で見つけられたイコンがオリジナルではないかといわれました。

1993年にはローマ教皇ヨハネ・パウロ2世に献上されましたが、2004年に教皇の意向でカザンの大聖堂に戻されました。このイコンがオリジナルかどうかについては異論がありますが、数奇な運命をたどった奇跡のイコンとして崇敬(すうけい)されています。

【聖ニコラス】

日本でいうサンタクロースの元となった聖人です。3~4世紀に現在のトルコに生きた聖人で、数々の奇跡を行ったとして特にスラブ系の教会で崇敬されています。ロシア、ウクライナの教会で、このイコンが掲げられていない教会はないといってもいいでしょう。「不朽体」と呼ばれる腐敗を免れた遺体が、南イタリアのバーリにあります。

2017年に、ローマ教皇フランシスコの計らいでこの遺体がモスクワに貸与されたときには、200万人もの信者が長蛇の列を作ってこの不朽体を崇敬しました。

【聖パンテレーモン】

4世紀の初めに殉教した医者であった聖人です。ウクライナの病院には、必ずこの聖人のイコンが掲げられています。聖堂内のこのイコンの前には、治癒を願う信者の行列がいつもできています。正教徒は、体の調子がおかしくなると、医者に行く前にこの聖人のイコンに祈りを捧げに行くというくらいです。

【ザルバニッツァの聖母】

ウクライナの西部、ザルバニッツァという小さな村にあるイコンで、ギリシャ・カトリック教会の聖地です。13世紀にモンゴルの手を逃れた修道士の、夢のお告げに現れたイコンが、夢から覚めると近くに現れたという言い伝えに由来します。

ギリシャ・カトリックが固く禁じられたソ連時代にも、信者たちはひそかにこのイコンを隠し守り、現代に伝えました。

2001年、ローマ教皇ヨハネ・パウロ2世がウクライナを訪れた際、このイコンはキーウに運ばれ、そこでローマ教皇が祈りを捧げました。ウクライナのギリシャ・カトリックにとって、苦難の歴史を記すイコンとして尊崇(そんすう)されています。

## さまざまなイコン

カザンの聖母

ウラジミールの聖母

ザルバニッツァの聖母

聖パンテレーモン

### 【皇帝ニコライ2世のイコン】

ロシア革命で銃殺刑にされたニコライ2世とその家族は、聖人とされています。ただニコライ2世については、ロシア帝国を崩壊させた暗愚の君主だったことや、ラスプーチンという怪しげな祈禱師を近づけたことで、列聖に反対する人々もいました。

結局、ボリシェビキ（レーニンが率いた左派の一派）による政権奪取という、正教会にとっての悲劇に一区切りを付けるという人々の主張が通って、聖人となりました。

ウクライナにおいて、教会がモスクワ総主教の下にある教会であることを見分けるとき、このイコンがあるかどうかが一つの目安になります。

## ●ウクライナとロシアにある五つの大修道院

ロシアとウクライナには「大修道院（ラーブラ）」と呼ばれるものが五つありますが、そのうち三つはウクライナに存在します。このことからも、ウクライナがロシアにとって重要な国であることが理解できると思います。

以下、その五つの修道院について説明していきましょう。

## 【ペチュルスカ大修道院】

五大大修道院の筆頭が、ウクライナの首都キーウにあるペチュルスカ大修道院です。11世紀にギリシャのアトス山で修行していたアントニーによって創建されました。ペチュルスカとは「洞窟」の意味で、当時の修道者が地下の洞窟で修行を行ったことが由来です。

現在も何キロにもわたる洞窟があり、信者は蠟燭を手に持って、洞窟に置かれた不朽体と呼ばれる修道者の遺体に祈りを捧げながら回ります。地上には、ウスペンスキー（聖母就寝教会）と呼ばれる大聖堂、修道院が立ち並んでいます。さらには多くの博物館もあるので、ゆっくり回ると一日かかる広大な修道院です。

ウスペンスキー大聖堂は、第二次世界大戦中にソ連軍によって破壊されましたが、ソ連はこれをドイツの仕業（しわざ）と喧伝（けんでん）しました。２０００年に元の姿に再建されています。

ここの修道院長には歴代、モスクワ総主教庁ウクライナ正教会のトップである府主教が就任しています。

ペチュルスカ大修道院は、地形に応じて上の修道院と下の修道院に分かれますが、ウクライナの法律では、上の修道院は歴史建造物として国家の所有となっています。そして使用権をモスクワ総主教庁が持つという形になっているのです。

【ポチャイフ大修道院】

ウクライナの西部、リビウから近いポチャイフにある大修道院です。その壮麗さは、ペチュルスカ大修道院に勝(まさ)るとも劣りません。13世紀にモンゴルの侵略を逃れた修道者によって建てられたといいますが、そのとき聖母マリアが現れ、足跡を岩に残したとされます（今もその足跡は残っています）。

さらに17世紀にオスマントルコの攻撃にさらされた際は、聖母マリアと天使が現れて、これを撃退したという伝説もあります。

18世紀にポーランドの大貴族であったポトツキー伯爵が莫大な私財を投じて、現在の修道院を建設しました。伯爵がカトリックだったため、ポチャイフ修道院は当初ギリシャ・カトリック教会に属していましたが、19世紀にロシア政府の命令で、正教会の管轄下に入ります。

２０２２年2月のロシア侵攻以来、一時、門を閉じましたが、その後は通常どおりの活動に戻っています。

【スビャトヒルスク大修道院】

ウクライナの東部ドネツク州にある大修道院で、16世紀にこの地で修道者が修行を行っ

ペチュルスカ大修道院内で最も大きな聖堂であるウスペンスキー大聖堂。ソ連崩壊後にウクライナ政府の支援で再建された。

ポチャイフ大修道院内の至聖三者大聖堂(右)と背の高い鐘楼(左)。共産党政権下では閉鎖の危機にあったが、地元ウクライナ人や国際社会の反発もあって存続した。

たのが始まりです。19世紀、この地が「新しいロシア（ノボロシア）」と呼ばれた時代に壮大な修道院が建設されました。しかしロシア革命後は、ボリシェビキ政権の攻撃にさらされ、600人いたとされる修道士の多くが殺され、また拷問を受けました。

ウクライナ独立以降は再建され、2004年に大修道院の地位を与えられて、現在はモスクワ総主教庁の管轄下にあります。

ロシアによるウクライナ侵攻が始まってからは、500人以上ともいわれる人々を修道院の中で保護しました。人々は、ロシアにとっても聖なる大修道院をロシア軍が攻撃するとは思わず、安全だと考えたのです。

ところが3月以降、ロシア軍のミサイルが何回も修道院に撃ち込まれ、死傷者も出ました。もっともロシア側は、ミサイル攻撃を否定しています。

ロシアにとっても聖なる大修道院を攻撃することは許されざる蛮行といえるでしょう。

【セルギー大修道院】

モスクワの北東にある修道院で、ロシアにおいて最も重要な修道院とされています。1345年に聖セルギーによって設立されました。セルギーは「ロシアにおける修道思想の創始者」と呼ばれ、尊敬を集めています。

15世紀に描かれた『至聖三者(しせいさんしゃ)』という、父なる神とイエスと聖霊を3人の天使で表したイコンがここにありました（現トレチャコフ美術館所蔵）。このイコンはロシア芸術の傑作で、ロシア最高のイコン画家と讃(たた)えられたアンドレイ・ルブリョフの手になるものです。セルギー大修道院は長い間、ロシアにおける神学哲学の中心でした。

【アレクサンドル・ネフスキー大修道院】

１７１０年、サンクトペテルブルクに建てられた大修道院です。１２４０年にアレクサンドル・ネフスキーがスウェーデン軍を破ったというネバダ川の地に建てられました。ネフスキーの遺体が納められています。１７９７年に大修道院の称号を得ました。

【補足…ソフィア大聖堂】

五大修道院ではありませんが、11世紀にヤロスラフ賢公の命により建てられた（建立年は、１０１7年または１０３7年の二説あり）キーウの象徴ともいえる大聖堂です。内部は、ビザンティンの職人によって作られた聖母マリアのモザイクが、１０００年の歴史を経て奇跡的に残されています。

今は博物館となっていますが、重要な宗教行事が現在も行われています。ソフィアの名は、コンスタンティノープルのソフィア大聖堂から付けられました。

### ◉正教会の聖職者の位階

正教会は、カトリック教会同様に聖職者（日本の正教会では「神品（しんぴん）」と訳す）には位階があります。その位階を、今後読み進むうえで助けになるよう説明していきます。

【総主教(Patriarch)】

正教会における最高位の聖職者を指します。現在、正教会にはローマを除く9人の総主教が認められています。

5世紀ごろまでに当時のキリスト教世界は、ローマ、コンスタンティノープル、アレキサンドリア、アンティオキア、エルサレムに分けて信者を司牧することが確立しました。そして、それぞれの教会の最高位にある聖職者を「総主教」と呼ぶようになります。これを古代教会五大総主教区（ペンターキー）と呼ぶことは、前述したとおりです。

その後、キリスト教がスラブ世界に広がるにつれて、ブルガリア、ジョージア（旧グルジア）、セルビア、モスクワ、ルーマニアが総主教として認められます。その国のトップの首座主教でも、古代教会五大総主教（1054年にカトリックと正教会が分裂したのちはローマを除いた四大総主教府）から認められなければ総主教の称号は与えられません。

従ってキプロス（434年承認）、ギリシャ（1850年承認）、ポーランド（1924年承認）、アルバニア（1937年承認）、チェコスロバキア（1951年承認〈当時〉）、アメリカ（1972年承認）、ウクライナ（2019年承認）の正教会は、独立した地位を持つ正教会ですが、その首座主教の称号は総主教ではなく、総主教に次ぐ「首座府主教」または「首座大主教」です。

**【府主教(Metropolitan)】**

府主教の地位は、スラブ系の正教会とギリシャ系の正教会で異なります。スラブ系の正教会においては、総主教に次ぐ地位を指します。通常は、総主教庁から完全な独立ではないけれども、高度な自治を有している教会の最高位を府主教と呼びます。

例えば、日本の正教会はモスクワの総主教庁を母なる教会としているので、高位聖職者の任命はモスクワ総主教の同意を必要としていますが、多くの部分において独立して運用されているので、その最高位は府主教と呼ばれます。

少し複雑なのですが、事実上完全に独立している正教会（具体的には、ギリシャ、ウクライナなど）のトップの称号が総主教ではなく首座大主教、首座府主教とされている場合があります。これは前述のとおり、「総主教」の称号はすべての総主教によって認められる必要があるからです。

これからお話しするロシアとウクライナとの関係では、10世紀に成立したキーウ（キエフ）・ルーシ公国の教会は、コンスタンティノープルの管轄下にあったので「キーウ及び全ルーシの府主教」と呼ばれました。13世紀にモンゴルの侵略を受けて、府主教庁は最終的にモスクワに移りますが、このときも称号は「キーウ及び全ルーシの府主教」だったのです。

しかしこのとき、すでにキーウ・ルーシ公国は滅亡していたし、モンゴルの支配が終わったのちのキーウは、リトアニアそしてポーランドが支配していたので、実際には管轄していない称号を名乗っていたことになります。15世紀にようやく、称号が「キーウ及び全ルーシの府主教」から「モスクワ及び全ルーシ（ロシア）の府主教」に変わりました。

そして、このころから、ウクライナの教会の管轄権がコンスタンティノープルにあるのか、モスクワにあるのか、それともローマに属するのかの争いが起こってきます。これが、現在のウクライナをめぐる複雑な問題の一つの原因です。なお、ロシアはルーシのラテン語読みです。

**【大主教(Arch Bishop)】**

スラブ系の教会においては、府主教に次ぐ称号が大主教です。逆にギリシャ系においては、大主教が府主教の上の称号です。主教の下に司祭、輔祭(ほさい)という位階があります。カトリックと異なり、司祭と輔祭には結婚が認められています。主教は結婚が認められないので、妻帯が認められていない修道士から選ばれます。

これは中世期以来、正教の司祭の中には、無学のうえ過度の飲酒に耽(ふけ)る問題アリの司祭が多くいたため、そのような司祭が主教になることを排するために確立した制度ともいわれています。

ここまで正教会の基本的な知識を記しましたが、これらを理解できれば、ウクライナとロシアの正教会をめぐる複雑な問題の理解がやさしくなると思います。次章から、いよいよ本題に入ります。

# 2章 キーウ・ルーシ公国と正教会の長い歴史

9世紀〜19世紀

## ◉イエスの12弟子によって建てられた教会?

ロシアとウクライナの正教会の創建者は、兄ペトロと共にキリストの12弟子の一人であったアンドレアだとされています。アンドレアが現在のキーウ（キエフ）を訪れたことが、4世紀にエウセビウスという人が書いた『教会史』に書かれているからです。その記述によれば、アンドレアは現在のキーウの丘に十字架を立てたとされています。

これが史実かどうかは議論のあるところですが、ロシアとウクライナの正教会にとっては重要な意味を持ちます。ロシアとウクライナの正教会のトップである総主教がアンドレアの後継者であることを主張できれば、その権威は、ローマをはじめとする古代五大教会の総主教と並ぶものとなるからです。

このことは、日本人にはわかりにくい部分ですが、イエスの12弟子が直々(じきじき)に建てたということは、その後の布教によって建てられた教会(例えば日本の教会)と比べれば、その重みははなはだしく違うと考えてください。モスクワ総主教庁がウクライナに固執する理由の一つは、ここにあるのです。

すなわち、キーウを自分の管轄下に置くことによってアンドレアの後継者として認められることには大きな意味があり、そうでなければ、モスクワの総主教庁は14世紀に府主教庁となり、16世紀に総主教庁に昇格した新参者になってしまうのです。その理由をこれからお話しします。

## ◉10世紀、ウラジミール大公がキリスト教を受容

9世紀ごろ、現在のウクライナからベラルーシにかけてキーウを首都とするキーウ・ルーシ公国が出現します。東スラブの人たちからバリャギ人と呼ばれたバイキングがつくった国と考えられています。

バイキングがなぜキーウまで南下してきたかというと、当時、欧州、いや世界最大の帝

国はコンスタンティノープルを首都に擁するビザンティン帝国でしたから、その富を求めて南下したからだといわれています。

このあたりのところは、12世紀にキーウのミハイル修道院長であったシリベストルが編纂したとされる『原初年代記』という書物に描かれています。これは、9世紀の中ごろから12世紀までのキーウ・ルーシ公国の歴史、宗教、文化、法律を記した書物であり、公国に伝わる断片的な記録と口伝を基に書かれたものです。

歴史的正確さについては疑問の余地はありますが、この当時の東スラブの歴史書としては唯一の書物として知られています。

歴史的にも9世紀の終わりには、キーウを中心とする強力な公国がこの地域に成立したことは確かです。キーウは、スカンジナビアと黒海をつなぐドニプロ川のほとりにあり、要所として知られていました。ドニプロ川が注ぐ黒海の対岸には、コンスタンティノープルがあったのです。

全体としては、平らなドニプロ川周辺にあってキーウだけが小高い丘となっており、城塞都市を築くに適していたことが、この地を首都と定めた理由です。キーウ・ルーシ公国は、スカンジナビアの毛皮や奴隷をドニプロ川を通じてコンスタンティノープルに運ぶ交

## 10世紀のウクライナ周辺図

易の中心として発展していきました。

９８０年に、この地の大公に、ウラジミールという人が兄弟間の抗争に打ち勝って就任しました。ウラジミール大公は、東スラブにキリスト教をもたらしたとして、ウクライナ、ロシア両国で聖人として尊敬されています。『原初年代記』によれば、ウラジミール大公は９８６年、自らに改宗を進めるさまざまな宗教指導者と会見したとあります。

まずユダヤ教徒が、ウラジミール大公にユダヤ教への改宗を進めます。しかしウラジミール大公は、ユダヤ人の神が偉大なのであれば、なぜユダヤ人は自分の国を失ったのかと問いて、これを退けます。

次にイスラム教徒がやってきます。イスラム教徒は、来世において72人の処女が約束されていると説いたとされています。ウラジミール大公は、ひどく心を動かされましたが酒を断つ必要があると告げられたとたん、キーウ・ルーシ人にとって、酒は唯一の楽しみであるとしてこれを退けました。なおコーランには、天国で72人の処女が約束されているとの記述はどこにもありません。

その後、カトリック教会と正教会の使者がウラジミール大公を訪れました。ウラジミール大公は、キリスト教には興味を示し、カトリックと正教のどちらが優れているかを調べるために、ドイツとコンスタンティノープルに使者を派遣しました。

使者は、ドイツのカトリック教会においては、何らの栄光も見出さなかったようですが、コンスタンティノープルのハギア・ソフィア大聖堂で行われる典礼の美しさには、大いに感銘を受けたようです。

「私たちは、天上にいたのか地上にいたのかわかりません。このような素晴らしいものが地上にあることは信じられません」

ウラジミールはこの報告を受けて、それまでの異教を捨ててキリスト教、しかもコンスタンティノープルの正教会を受け入れることにしたとされています。

## ◉それ以前からキリスト教化はされていた

しかしこの話は、現在では歴史的事実とは異なると考えられています。それはウラジミールが正教会の教えを受け入れる以前から、すでにキリスト教の影響がこの地方に及んでいたことが確認されているからです。

9世紀には、コンスタンティノープルの総主教が、キュリロスとメトディオスという学識豊かな修道士をクリミアからモラヴィア（現在のチェコの東部）に派遣しており、スラブのキリスト教化が始められています。この二人は、ギリシャ文字に基づいたアルファベットを考案し、聖書と典礼をギリシャ語からスラブ語にこのアルファベットを使って翻訳したのです。現在ロシアやウクライナなどで使われている文字が、キリル文字といわれるのはキュリロスに由来します。

また、ウラジミールの祖母であるオレガ妃は、すでにキリスト教に改宗していました。キーウ・ルーシ公国の第2代大公の妻だったオレガは、キーウ・ルーシ公国をキリスト教化すべく努力しますが、周りの反対があって成功しませんでした。

オレガ妃の孫のウラジミールは、988年にクリミアのケルソネスという場所で洗礼を受けています。洗礼を受けることで、当時最大の帝国であり経済的にも結びつきが強かったビザンティン帝国から、キーウ・ルーシの統治者であることを認められることに意義を感じていたと思われます。事実、ウラジミールはキリスト教の洗礼を受けるのと同時に、ビザンティン皇帝の妹を妻に迎えています。

ウラジミール大公は、洗礼を受けたのち、キリスト教に基づいた模範的な統治を行ったとされています。その銅像は、キーウのドニプロ川を望む丘の上に建てられています。

2016年に、プーチン大統領は、モスクワの中央の広場にウラジミール大公の像を建立しました。これは、ロシアの歴史の始まりをキーウ・ルーシ公国に求めたいというプーチン大統領の考えによるものです。プーチンがなぜウラジミール大公像に固執するかについては、のちほど解き明かすことにしましょう。

### ◉ウラジミール、ヤロスラフ時代に発展するキーウ

ウラジミール大公は、キリスト教に改宗する以前に多くの妻を得たため、12人の息子がいました。息子たちは、ウラジミール大公がなくなると、その座をめぐって20年にわたる抗争を繰り広げます。それに勝ってキーウ・ルーシ大公の座についたのは、賢公と呼ばれたヤロスラフでした。

この争いに関係した兄弟の中から、正教会が初めて認定した聖人が生まれます。ボリスとグレーブです。この二人は、兄弟間の血で血を争う事態が起こった際、他の兄弟の放った刺客（しかく）の手にかかって抵抗せず殺されたといい、のちに聖人の位に上げられました。この二人のイコンはキーウのロシア美術館にあり、人々の崇敬を集めています。

ヤロスラフ賢公の下で、キーウは5万の人口を有する大都市に発展しました。当時50万～100万人の人口を抱えていたコンスタンティノープルは別格としても、パリやロンドンでさえ10万人以下の人口といわれていましたから、キーウがいかに繁栄した都会であったかがわかるでしょう。

ヤロスラフ賢公は、その娘をノルウェー、フランス、ハンガリーの国王に嫁がせており、自らの妹はポーランド国王と結婚しています。このことから彼は「ヨーロッパ王室の父」とも呼ばれています。

ヤロスラフの娘の一人アンナは、フランス国王アンリ1世と結婚しましたが、アンリ1世が字を書けない国王であったのに対して、アンナはキーウで読み書きを学んでいました。その教養の差は歴然としていたといわれています。

ヤロスラフ賢公の時代、キーウには多くの壮麗な教会が建てられました。世界遺産に登録されたソフィア大聖堂は、コンスタンティノープルにある同名の大聖堂から名前がとられただけあり、内部には、ビザンティン帝国の職人が作成した見事なモザイクが残っています。

また、キーウの守護の聖人である大天使ミハイルの名前を冠した「ミハイル黄金ドーム」という大聖堂が、ソフィア大聖堂に向かい合う形で建てられました。この大聖堂は、スターリン時代にソ連のボリシェビキ政権によって爆破されましたが、１９９１年に独立を達成したウクライナ政府が総力を挙げて再建しました。

さらに、この時代にペチュルスカ大修道院が建てられましたが、これは現在、ウクライナとロシアにおいてラーブラ（大修道院）の名前を与えられている五つの大修道院の中で最も古く、最大の規模を誇る修道院であり、多くの巡礼者を集めています。

ヤロスラフ賢公は、「ルースカ・プラウダ」という法典を編纂させたことでも知られています。ビザンティンのローマ法典にスラブの慣習法を加えたもので、ビザンティンから派遣された聖職者とキーウの聖職者の手になるものといわれています。

こうして、キーウは、コンスタンティノープルに比した大都会に発展していきました。

そしてキーウ・ルーシ公国内のノブゴロド、ロストフ、チェルニフチといった都市も、キーウに倣って発展していきました。これらの都市にソフィアの名前を冠する大聖堂が残るのは、このためです。また、キーウはルーシ公国の「母なる都」と呼ばれました。

### ◉スラブの正教会に神秘主義的傾向が強いわけ

ウラジミール大公によるキリスト教への改宗をもって東スラブのキリスト教化が始まったわけですが、その後、正教会の中心地であったコンスタンティノープルの総主教は、キーウに府主教庁を設立しました。府主教についたのは、ほとんどがビザンティン帝国から派遣されたギリシャ系の聖職者です。

他方、典礼は、キュリロスとメトディオスが考案した教会スラブ語（教会典礼で使われる特有のスラブ語）で行われていました。このため、当時のヨーロッパの2大古典言語であったラテン語とギリシャ語の文化は、東スラブには根付きませんでした。

当時の神学、哲学の学問はラテン語とギリシャ語でなされていましたから、これはキーウ・ルーシ公国の知識人であった聖職者からラテン語とギリシャ語を学ぶ機会を奪うことになりました。

この結果、スラブの正教会は、いわば外の世界と切り離された形で独自の世界を形成していきます。スラブの正教会がカトリック教会、ギリシャ系の正教会と比べても神秘主義的傾向が強いのは、キリスト教の教えに土着の呪術的要素が加えられた結果であるという人もいます。

### ◉「タタールのくびき」で流浪するキーウの府主教庁

1237〜40年にかけて、タタールと呼ばれたモンゴル人がキーウ・ルーシ公国に侵入してきます。1240年にはキーウが陥落、その後約100年間タタールの支配が続きますが、これを「タタールのくびき」と呼びます。

タタールは、住民から税金は取りたてましたが、教会に対しては寛容な政策で臨みました。広大な教会の所有地を没収しなかっただけでなく、税の徴収も行いませんでした。

キーウ陥落後、キーウにあった府主教庁は、ノブゴロド、さらには、ウラジミールに拠点を移していきます。しかしそのような場合にも、府主教の正式の称号は「キーウ及びルーシの府主教」でした。

キーウにおけるタタールの支配は、100年余りで終わります。そして1300年代の後半からは、14世紀に力をつけてきたリトアニアとポーランドが、滅んだキーウ・ルーシ

13世紀のウクライナ周辺図

公国の地を支配しました。

## ◉モスクワ公国の勃興と正教会

10~13世紀にかけてキーウ・ルーシ公国が繁栄を極めたころ、現在のモスクワは、森に覆われた場所でした。

そのモスクワを中心とする土俗の勢力は、14世紀以降、急速に勢力を伸ばします。モスクワ公国と呼ばれた勢力です。その理由は、分領制度と長子相続制度の違いからくると考えられています。

当時、多くの東スラブの公国がタタールの支配下にあって、それらの国は、自領を息子の数に応じて分割するという体制をとっていました。このため、多くの公国が代替わりごとに、弱小の公国となっていったのです。

これに対して、モスクワ公国は、分領という制度をとりながらも、実質的には長子が所領の大部分を相続したので、周りの小国に対して有利な立場に置かれました。1326年には、ウラジミールにあった府主教庁がモスクワに本拠を移します。モスクワ大公がそれを望んだからです。

府主教庁がモスクワに移った後も、府主教の称号は「キーウ及びルーシの府主教」でした。それでは、モスクワに移った府主教庁がキーウを中心とする現在のウクライナを実際に管理していたかというと、そうではありません。

前述したように、キーウではタタールの支配がモスクワ公国より100年早く終わったのですが、キーウを中心とする現在のウクライナを支配下に置いたのは、リトアニアとポーランドだったからです。このためコンスタンティノープル総主教は、リトアニアの首都ビルヌスの府主教に、キーウを中心とする地域の管轄を認めていました。

モスクワにいた府主教は、称号こそ「キーウ及びルーシの府主教」でも、実際に管轄していたのはモスクワ公国内の教会に限られていたのです。

1380年、クリコヴォの戦いと呼ばれるモスクワ公国軍とタタール軍との合戦が行われ、モスクワ公国はそれに勝利します。しかし１３９５年、今度はティムールがモスクワの近くに迫り、モスクワは恐怖におののきます。モスクワ大公ヴァーシーリーがウラジミールの聖母で知られるイコン（56頁）を借り受け、市内に運び込んだのは、このときです。このイコンに人々が祈りを捧げたところ、ティムールがモスクワ近郊から撤退したため、モスクワは救われました。以降、奇跡のイコンとしてロシアで最も崇敬されるイコンとなります。

15世紀に入ると、オスマントルコのビザンティン帝国に対する攻撃が激しくなります。首都コンスタンティノープルがオスマントルコに直接、攻撃を受けたのです。ビザンティン帝国の皇帝は、ローマ教皇に援軍を求めるために、ローマ教皇の求めに応じて１４３９年、フィレンツェにおいてカトリック教会と正教会の合同一致を討議する会議に参加します。ローマ教皇が、ビザンティン帝国に援軍を送る条件として教会の再合同を求めたからです。

この会議にはモスクワからは、イシドールという府主教が出席しましたが、その称号は「キーウ及びルーシの府主教」でした。フィレンツェにおける会議において、一応カトリックと正教会の再合同が決められましたが、イシドール府主教がその決定をモスクワに持

15世紀のウクライナ周辺図

ち帰ったところ、認められないと反対を受け投獄されてしまいます。彼は最終的にローマに亡命し、そこで枢機卿(すうききょう)の位に上げられて没します。

１４５３年、コンスタンティノープルはオスマントルコ軍の前に陥落し、イスタンブールというアラビア風の名前に変えられます。イスタンブールとは、ギリシャ語で「都市」を意味するイスティンボリンのアラビア風の呼び名です。

これに先立つ１４４８年、モスクワは、母教会であるコンスタンティノープルの許可を得ないまま、追放したイシドールの後任として「キーウ及びルーシの府主教」にジョセフというリャザン（現ロシア・リャザン州の州都）の主教を任命します。しかしキーウは形式上、コンスタンティノープルの管轄下にあるので、これは教会法上、違法な任命ということになります。

コンスタンティノープルが認めなかったのは、モスクワが勝手にイシドール府主教を追放したからですが、モスクワが、オスマントルコの脅威を受けて弱体化しているコンスタンティノープルの総主教の言うことを聞かず、独立する動きを見せ始めたのです。

１４５９年、モスクワ公国の大公は、「キーウ及びルーシの府主教」という府主教の称号を現実に合わせようと、「モスクワ及びルーシの府主教」に変更するとの決定を下します。キーウの地は管轄していないけれども、ルーシ公国の継承者はモスクワであるという意味です。

このルーシというタイトルは、モスクワ公国の名称にも影響を与え、のちにロシア（注：ロシアはルーシのラテン読み）という国名を使い始めるのです。

### ◉モスクワ公国が「第3のローマ」を名乗る

15世紀の後半、モスクワ公国はイヴァン3世のもとで、ようやくタタールのキプチャク＝ハン国を退け、モスクワでの「タタールのくびき」を終わらせます。一方のキーウでは、前述したように、それより１００年も前にタタールの支配を終わらせていました。

イヴァン3世は、モスクワ公国の領土を広げるとともに自らの権威付けを目論(もくろ)みます。そのため、１４７２年にビザンティン帝国最後の皇帝コンスタンティヌス11世の姪(めい)であるソフィアを妻に迎えました。なおコンスタンティヌス11世は、１４５３年に首都コンスタンティノープルがオスマントルコに征服された際に戦死しています。

イヴァン3世は「この結婚により、自分はビザンティン帝国の後継者になった」として、モスクワ公国の旗にビザンティン帝国の紋章であった双頭の鷲(わし)の図柄を加えたのです。

少しのちの16世紀の初め、プスコフ（現ロシア・プスコフ州の州都）のフィロフェイという修道士が、モスクワ大公ヴァシーリー3世に宛てた手紙において、モスクワを「第3のローマ」と呼びました。さらに、その手紙においてフィロフェイは、こう記しました。

「二つのローマ（ローマとコンスタンティノープル）は没落し、第3のローマであるモスクワはここにあります。第4は、存在しません」

これが、その後モスクワを「第3のローマ」と呼ぶことの始まりとされています。

他方、モスクワを「第3のローマ」と呼ぶことはあり得ないという人もいます。そもそも、コンスタンティノープルは「新しきローマ」であって、第2のローマと呼ばれたことはないからです。この説によれば、第2のローマがないのだから第3のローマという概念はあり得ないということになります。

さらに言えば、このフィロフェイの時代、モスクワの教会は引き続きコンスタンティノープル全地総主教庁の管轄下にありました。下位にあったモスクワをコンスタンティノープルの上位におく第3のローマ論を、当時の人がまじめに受け取ったとは考えられません。しかしともかく、このころからモスクワ大公は、ロシアの「ツァーリ」を名乗ります。ツァーリとは、ローマのシーザー、つまり皇帝のことで、ビザンティン帝国の後継者を名乗ったわけです。

こうなると、皇帝を戴冠する人物の箔付けが必要となります。従って、戴冠を執り行うモスクワの府主教を、コンスタンティノープルから独立させて、総主教の称号を帯(お)びさせる必要があったのです。

1588年、コンスタンティノープルの全地総主教エレミアス2世が、モスクワを訪問します。すでにビザンティン帝国は滅亡しているので、オスマン帝国の下で細々と存続が許されている総主教には、かつての権威はありません。

ロシア側はまず、モスクワの府主教庁をコンスタンティノープルから独立した総主教庁に格上げするとともに、その総主教にエレミアス2世が就任することをオファーしたのです。これは実に巧妙なやり方でした。エレミアス2世にとってみれば、日の出の勢いのロシア帝国の総主教になることは大変に魅力的であったからです。エレミアス2世はそれをまず承認しました。

ところが18か月の滞在後、エレミアス2世がコンスタンティノープルに帰還する機会を捉えて、ロシア側は、ロシア人をモスクワ総主教につけることを承認させたのです。そして1589年には、ロシア側は、エレミアス2世に加えてアンティオキア、アレキサンドリア、そしてエルサレムの総主教に「モスクワ及び全ルーシ（ロシア）の総主教」の設立に同意させたのです。

じつは、それまでもブルガリア、セルビア、ジョージア（旧グルジア）が、独立した地位と総主教の称号を与えられていたのですが、モスクワは、正教会の中にあって五大総主教庁（1054年にカトリック教会と正教会が分裂したのちは四大総主教庁）に次ぐ、第6位の地位を獲得。この称号を獲得するに際してロシアは、コンスタンティノープルのみならず他の総主教に多額の献金をしたといわれています。

ウクライナの人が「モスクワの総主教の地位は、金で買ったものにすぎない」と冷笑するゆえんです。

### ◉ウクライナでギリシャ・カトリック教会が生まれる

ロシアがビザンティンの皇帝を引き継ぐ地位を固めていく一方で、カトリックの世界では、全欧州を揺るがす大事件が起こります。1517年、ドイツのマルティン・ルターという神父が、カトリック教会の権威を否定する文書を発表したのです。カトリック教会という欧州を一つにまとめていた基盤が崩れ、欧州がカトリックとプロテスタントという二つの世界に分断されたのです。

しかしカトリック教会も負けてはいません。プロテスタントに対抗するための施策を講じます。こうした中で、イグナチウス・デ・ロヨラというスペインの軍人あがりの神父が、イエズス会という修道会を立ち上げます。

1549年、日本に布教に来たフランシスコ・ザビエルは、このイエズス会の神父でした。イエズス会は、教育のレベルで現在も熱心に活動しており、日本の上智大学、栄光学園、六甲学園、広島学院などはイエズス会が経営する教育機関です。

このイエズス会が、カトリック国であるポーランドを拠点に、ウクライナの正教会（ポーランド、リトアニアが大部分を支配していた）をカトリック教会に引き戻す運動を熱心に行います。

この結果、リトアニアの首都ビルヌスを拠点としながらもキーウを含む地域を管轄していたミハイルラホザ府主教は、正教会の典礼（奉神礼）は変えないとの条件の下に、ローマ教皇の首位権を認めることを受諾します。１５９６年10月のことです。

この決定は、現在のウクライナにあるブレストという町で発表されたので「ブレスト合意」と呼ばれます。典礼は東方典礼を維持しながらも、ローマ教皇の首位権を認めるギリシャ・カトリックの誕生です。

しかしこの合意には、すべての主教と信者が賛成したわけではありません。反対する主教、信徒もたくさんいたのです。この人たちは、１６２０年にキーウを訪れたエルサレムの総主教に正教会のキーウ府主教を任命してもらい、正教会の再興を実現します。この結果キーウには、ギリシャ・カトリックの大司教と、正教会の府主教が並び立つという体制が生まれました。

ウクライナにおいて、カトリック勢力と正教会勢力がぶつかり合う複雑な構図が、このとき生まれたのです。

### ◉ロシア正教会内での論争「持つか・持たざるか」

15〜16世紀にかけて、ロシア正教内において「所有派」と「非所有派」との間での論争が起こります。これは正教会に限ったことではなく、カトリック教会の中ではずっと前から起きていた論争でした。簡単にいえば「イエスの説く清貧とは何か」という論争です。

中世期のカトリック教会は、西ヨーロッパにおいて広大な土地を所有し、富を蓄えました。そうした中、13世紀にイタリアのアッシジという町にフランシスコという人が現れ、イエスの説く教えは、父なる神を賛美し、神のあらゆる被造物を愛し、単純と謙虚の道を歩むことであると説いたのです。そして、物を所有することは争いの原因になるとして、あらゆる所有を拒否しました。

このような考えは、フランシスコに特有のものではありませんでした。すでにシトー会と呼ばれる修道会は、所有の拒否による祈りと労働の毎日を送っていました。「リヨンの貧者」と呼ばれたワルド派も、同様の思想を持っていました。ワルド派は、教会を正すとして教会を攻撃するという実力行使に出たので、ローマ教皇から異端とされ弾圧を受けています。

フランシスコが弾圧を受けなかったのは、清貧を実践しつつも教会の富を攻撃せず、教皇に対する服従を堅持したからです。教皇は、個人がキリストの清貧を実践するのは素晴らしいことであるが、教会が組織として存続するためには富の所有を認めることが必要と考えたのです。

ロシアにおける「所有派」と「非所有派」の対立も同様です。15世紀になるとロシアの修道院は、広大な土地を有するようになっていきました。「非所有派」は、修道院が土地を有するとは、本来求められている祈りの生活ではない土地管理の問題に関わり、そして何よりもイエスの説く清貧に反すると主張しました。

これに対し「所有派」は、修道院が組織として存続するためには、それを支える基盤となる土地所有が必要であるし、教会が不幸な人々、貧者の救済を行うために富と土地を有することがなぜ悪いと主張したのです。

この問題は、「所有派」が教会とツァーリ（皇帝）を頂点とする国家との結びつきを主張し、「非所有派」が教会と国家の結びつきを否定する立場をとったことから、政治問題に発展していきます。

結局、ツァーリの不興を買った「非所有派」の指導者は逮捕され、この問題に決着がつきました。ただ、この論争にロシアのツァーリを巻き込んだことから、ロシア正教会が国家へ従属する契機になったという人もいます。

## ◉さらなる論争を呼んだ、モスクワ総主教ニーコンの典礼改革

17世紀に起こったニーコン・モスクワ総主教による典礼改革の動きは、さらに多くの論争を巻き起こしました。

ロシア正教会には、10世紀にキーウ・ルーシ公国がキリスト教化して以来の伝統を、ロシアこそが維持しているとの自負がありました。事実は、タタールのくびき以来、長い間、事実上の鎖国状態にあったので発展できなかったというものなのですが。

これに対して、コンスタンティノープルを中心とするギリシャ系の正教会は、イスラム帝国であるオスマントルコの波にのまれつつも、カトリックの神学を取り入れながら典礼を含む改革を行ってきました。

ニーコン総主教は、ロシアの教会の典礼や神学が、コンスタンティノープルのそれと乖離していることを問題にしたのです。例えば、ロシアにおいては十字を切る場合、2本指で切っているが、コンスタンティノープルにおいては3本指で切っているとして、今後3本指で切ることを求めたのです。

2本指で切ることは「キリストの神性と人性を表す」とされ、3本指で切ることは「神が三位一体であることを表す」とされていたので、どちらも神学的裏付けがある作法です。

しかしこうしたことは、スラブ系ロシアの教会とギリシャ系コンスタンティノープルの教会のどちらが優位にあるのか、また教会は典礼や神学を含めて発展していくのか、それとも伝統を墨守（ぼくしゅ）するのかについての問題ですので、ロシアを二分する論争となったのです。

両者の対立は、ニーコン総主教が反対派の聖職者の逮捕、拷問、流刑という横暴に出たこともあり、収拾がつかなくなります。結局、1666年にアンティオキアとアレキサンドリアから二人の総主教を招いて、教会会議が開かれました。その結果、

（1）ニーコン総主教の改革を拒否した人々の弾劾（だんがい）と破門
（2）ニーコン総主教の独裁的運営の糾弾（きゅうだん）
（3）ロシア正教会の基準が東方正教会の模範であるとの考え方の否定

という決定を行ったのです。

簡単に言うと、ニーコンの改革は支持するが、ニーコンという人物は拒否するということです。このとき弾劾された人々は「古儀式派」と称して、シベリアに逃げ込みます。そして今日でも、100万人単位の信者がいるといわれます。

## ◉ロシア皇帝、正教会への支配を強める

1682年、皇帝の位についたピョートル（大帝）は、ロシアの近代化、西欧化をめざして首都をサンクトペテルブルクに移転します。

このとき、ピョートルにとって目障りになったのは、保守的なロシア正教会でした。ピョートルは、1721年に「モスクワ及び全ルーシ（ロシア）の総主教庁」を廃止して、皇帝が選任する12人の聖職者よりなる「宗務院」を設立し、そこがロシア正教会を管理する体制を作ったのです。

宗務院のメンバーはすべて皇帝が任命するのですから、これは明らかに、教会が国家に従属することを示しています。この体制はロマノフ王朝が倒れる1917年まで続き、モスクワ総主教庁が回復するのは、ロシアが共産化した1917年のことです。

ロシア正教会は、ピョートルの妻で彼の跡を継いだエカテリーナ女帝の下で「教会領の没収」という、さらなる国家への従属を余儀なくされます。こうして、正教会は皇帝の政治を神学的に権威付けるものであり、皇帝を批判する勢力ではないという図式ができあがったのです。

教皇権と皇帝権が時にはぶつかり、時には協力しつつ体制を作り上げたカトリック教会

は、現在も人権の保護、信教の自由、そして何よりも人間の尊厳を守るという立場から、世界のあちこちで政権と緊張関係にあります。しかし、それとは違う世界がロシアには生まれていたのです。

## ◉17〜18世紀のウクライナ教会

それでは、この間ウクライナでは何が起こっていたのでしょうか。

「コサック」という言葉を聞いたことがあるでしょう。これは「自由民」を意味する呼び名です。キーウ・ルーシ公国が崩壊してタタール人の支配が終わったころから、ウクライナには、リトアニアそしてポーランドが勢力を伸ばしてきたことは前述しました。これらの地主の圧政を逃れた自由農民が、ドニプロ川下流のザポリージャを中心に、16世紀に軍事組織を作り上げたのですが、それがコサックです。

コサックは、重要議題は大衆動議にかけ、またその指導者を選挙によって選び、すべての指導者の上に立つ総司令官を「ヘトマン」と呼ぶ組織を作りました。この制度は17〜18世紀にかけて、ロシアの勢力がウクライナの大部分に及ぶまで存続したのです。

今日、ロシアに根付かなかった民主主義がウクライナには根付いた原因には、ロシアはツァーリという専制主義しか経験しなかったのに対し、ウクライナは曲がりなりにも、コサックの民主主義的な体制を経験したことにあるという人もいます。

17世紀、そのヘトマンとなったサイダーチヌイは、1620年に再興なったウクライナ正教会（90頁）の復興に心血を注いだことで知られています。

このころキーウに、モヒラというペチュルスカ修道院長が現れます。1632年、モヒラは「キーウ・モヒラ・コレギア」という学校を設立して、コサック、聖職者、貴族の子弟に教育を施したのです。

内容は、神学、ラテン語、ギリシャ哲学、自然科学にまで及んでいたので、ウクライナのみならずロシア、オスマントルコの下で暮らすギリシャ、セルビアなどのキリスト教関係者がここで学びました。モヒラの協力者はもちろん、ヘトマンのサイダーチヌイです。ピョートル帝の西欧化政策を推進したロシアの政治家や官僚の多くも、このコレギアの出身でした。

ただこの教育方針には、ロシア内においても否定的な意見が出ました。学問の内容がイエズス会の影響を受けたカトリック的なもので、ロシアの伝統を破壊するものだというのです。しかしウクライナにおいては、ギリシャ・カトリック教会が正教会と並んで大きな

17世紀中頃〜18世紀のウクライナ周辺図

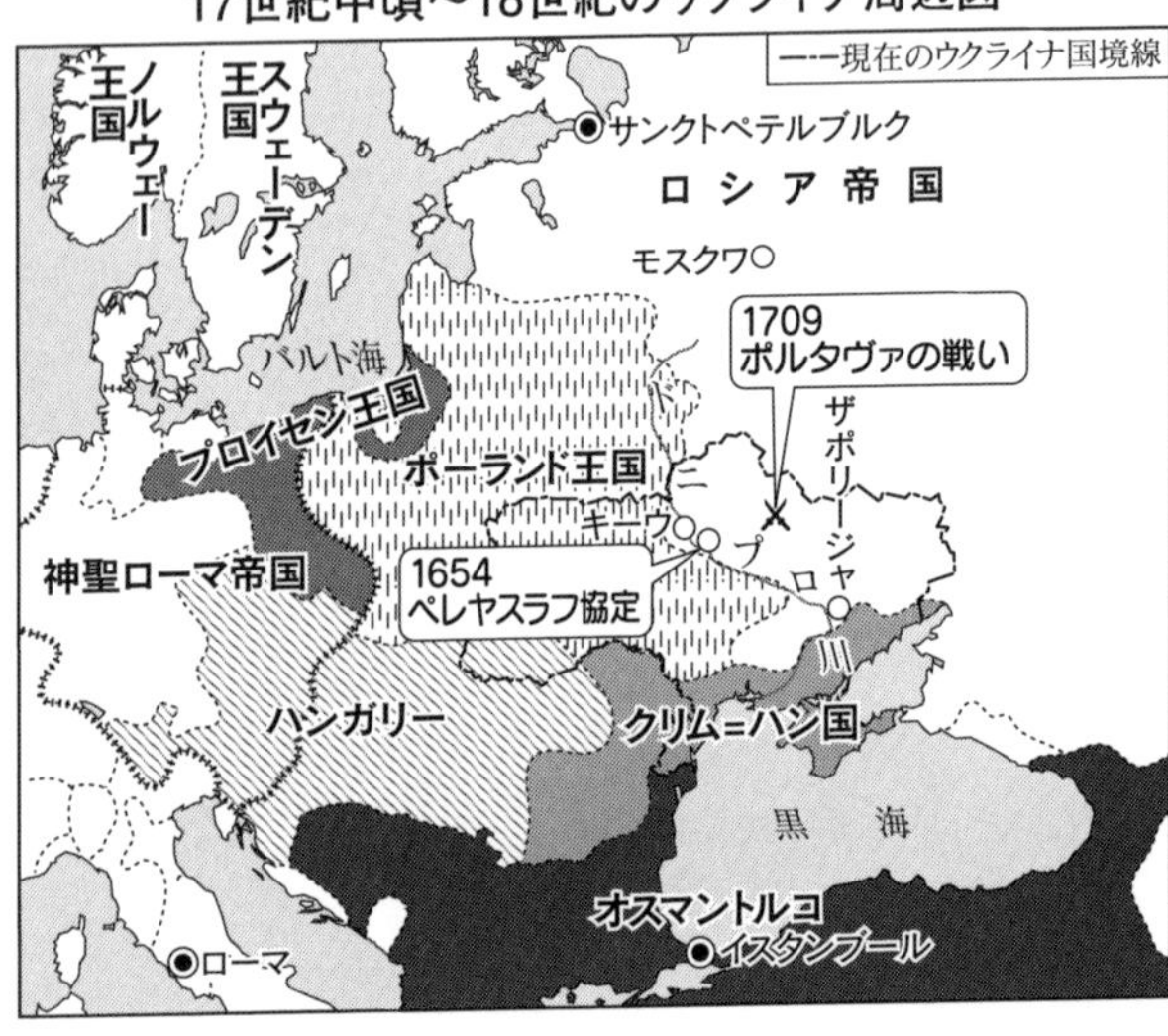


影響力を持っていたので、モヒラの教育がそれに影響を受けることは自然です。

モヒラがきっかけで、再びウクライナとロシアとの論争の種、つまりスラブ特有の文化を維持するか、西欧的な考えを取り入れるかという、今に続く論争が起きたわけです。

17世紀の中頃、ウクライナにフメルニツキーというヘトマンが現れます。彼はポーランドの支配から独立するために戦いましたが、そのためにロシアの助けを借りる必要を感じていました。そのため、1654年にペレヤスラフという場所で、ロシアとの協力協定(ペレヤスラフ協定)を結びます。

この結果、ウクライナの領土は、ドニプ

ロ川の東側、つまり現在のウクライナの5分の2の土地がロシア帝国の領域に組み込まれたのです。ウクライナはこれを、フメルニツキーが結んだ各国との協定の一つにすぎないとして、重きを置いていません。ところがロシアは、これこそがキーウ・ルーシ公国滅亡以来、分かれていたロシアとウクライナが再統一を果たした協定であるとして重要視しているのです。

ちなみに、1954年にソ連のニキータ・フルシチョフ第一書記は、クリミアをロシアからウクライナに譲り渡すとの決定を行いますが、この譲渡は、ペレヤスラフ協定の調印300年を祝って行われたものでした。

さらに1686年、モスクワ総主教庁は、キーウの府主教の任命権をコンスタンティノープルから獲得します。ロシアは、これをもって、モスクワ総主教庁がウクライナ正教会の母教会となり、その管轄を得たという主張の根拠とするのです。

1687年、マゼパという人物がヘトマンになります。彼は、失ったドニプロ川の東側をロシアから取り戻すために、当時最強と謳(うた)われたスウェーデンの国王カール12世と手を結びます。マゼパが起案したウクライナの基本法には、ウクライナ教会を再びコンスタンティノープル総主教庁の管轄に戻すことも記されていました。

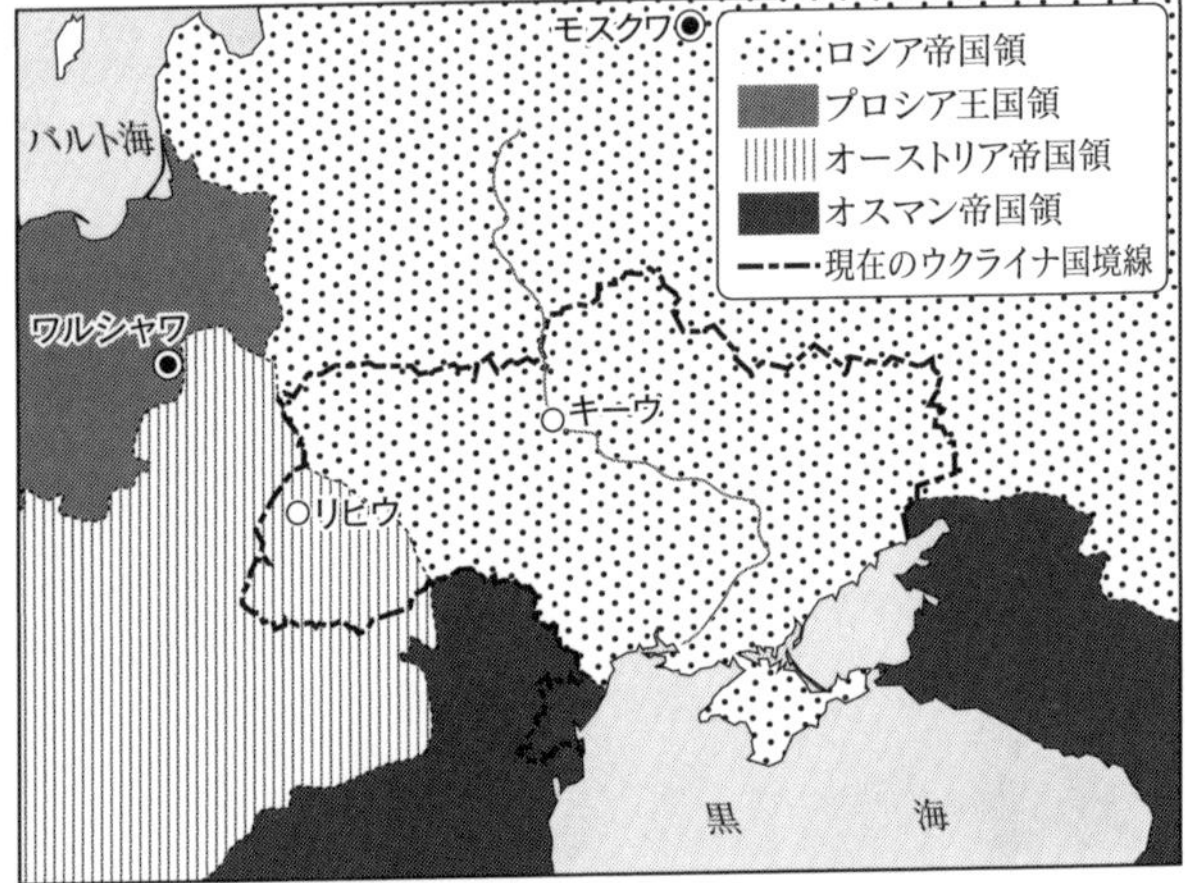


ポーランド分割の結果、ウクライナは
ロシアとオーストリア帝国に分割された

しかしこれらの企（くわだ）ても、1709年にウクライナの東部で行われたポルタヴァの戦いで、カール12世とマゼパの連合軍がピョートル帝のロシア軍に敗北したので実現しませんでした。マゼパは、ロシアにとっては裏切り者であり、ウクライナでは独立をめざした英雄と、今日では全く異なる評価がされています。

18世紀の後半、ロシアとオーストリア、そしてプロイセンの3か国がポーランドを分割したため、ウクライナ全土からポーランドは排除され、ロシアとオーストリアによる二重支配が確立。ウクライナの南西部の大部分は、オーストリア領になりました。

19世紀になると、ウクライナ独立の運動

が、現在のウクライナ西部のオーストリア領内で起こります。ロシアに比べれば、オーストリアのほうが、政治活動の自由が保障されていたからです。このときの精神的支柱になったのが、ギリシャ・カトリック教会でした。

1848年、西部のオーストリア領内で「最高ルテニア評議会」という政治組織が作られます。ルテニアとはルーシ人、つまりウクライナ人を指す言葉です。

19世紀後半に盛んになった民族を軸とする国民国家の設立、すなわち、それまで諸侯国に分かれていたドイツの統一、イタリアの統一、バルカンにおけるオスマン帝国からのギリシャ系国家の独立を受けて、ロシア領内のウクライナ人の間でも、ウクラナ人としての民族の自覚が知識層を中心に広がっていきました。

ウクライナを代表する詩人タラス・シェフチェンコが活躍したのも、この時期です。ロシア領内においては、このようなウクライナ民族主義的動きは警戒され、特に1863年にポーランド系住民が起こしたロシアに対する反乱以降、その背後にあるとされたギリシャ・カトリック教会は、ロシア内で弾圧を受けることになります。

3章

# 正教会、共産党政権下で弾圧される

1917〜1990

## ◉ロシア革命下、正教会は国家に忠誠を誓わされる

1917年、ロマノフ王朝が終焉を迎えます。その混乱の中でロシア正教会は、モスクワ総主教庁の復活を決めます。ピョートル帝によって廃止されたモスクワ総主教に、チーホン総主教がおよそ200年ぶりに選ばれたのです。正教会は、この時期は無神論を標榜するボリシェビキ政権との共存は可能と考えていたのです。

ところがソビエト政府は、同じ時期に、正教会の影響力を決定的に削ぐための三つの政策を発表します。庶民の古い宗教的依存を根絶し、共産主義への「信仰」を打ち立てるためです。

（1）教会財産の国有化
（2）聖職者の公民権の剝奪（はくだつ）
（3）教会の教育からの分離

（1）により教会の経済的基盤は奪われ、（2）で教会の聖職者の社会的保障をすべて剝奪されました。そして（3）で、教会が有していた教育機関が廃止されたのみならず、ごく少数の神学校を除いて宗教教育が一切禁止されました。

1918年2月、チーホン総主教は、ボリシェビキ政権を破門に処します。またその年の終わりには、皇帝ニコライ2世とその家族の殺害を非難しました。ボリシェビキ政権は1922年、チーホン総主教を捕らえて軟禁します。

翌1923年に釈放されたチーホン総主教は、正教会の非政治化を宣言し、ボリシェビキ政権に対して融和的姿勢に転じます。2年後に彼は永眠しますが、殺害されたとのうわさが飛び交いました。

ボリシェビキ政権が、その後任の任命を阻止する政策に出たので、セルゲイ主教が総主教代理という形で選出されました。セルゲイ総主教代理は、当初チーホンの路線、すなわち正教会を政治から分離することで、正教会とボリシェビキ政権の共存を図ります。

しかし、1926年にセルゲイ総主教代理も捕らえられ、翌1927年に釈放されたのちは、正教会がボリシェビキ政権に協力するとの立場に転じます。そして、教会の破壊を続行するボリシェビキ政権を支持するという「国家に対する忠誠宣言」を出したのです。

多くの内外の教会関係者から、セルゲイ総主教代理のこの宣言に対して、驚きと非難の声が巻き起こります。しかし、この融和路線に反対する教会内の勢力は、投獄され殺害されました。

モスクワ総主教庁に反旗を翻した勢力に率いられた亡命ロシア教会は、1951年には米国ニューヨークに拠点を移し、自らが正しいロシア正教会であるとして、大きな勢力となっていきます。例えば、神田のニコライ堂も、戦後はモスクワ総主教庁とは断絶し、米国のロシア正教会から主教を迎えています。

セルゲイ総主教代理の「国家に対する忠誠宣言」にもかかわらず、スターリンをトップとするボリシェビキ政権による教会弾圧は続きました。今日では、セルゲイ総主教代理に対する正教教会内の評価は分かれます。擁護する人は、セルゲイ総主教代理の取った立場は、正教会を守るために仕方がなかったと主張するのです。

政権側は、教会内に親ボリシェビキ勢力を作り、教会の分裂を図ろうとします。これがその後、ロシア正教内にＫＧＢ（カーゲーベー）との関係が疑われる多くの主教、神父を生むことになりました。

### ◉ソ連がウクライナ独立正教会の分離独立を支援したわけ

１９１７年にロシア革命でロマノフ王朝が倒れると、これまでツァーリ（皇帝）に抑えつけられてきたと考えるウクライナ人の中から、独立運動が起こりました。

キーウには「中央ラーダ（ウクライナ人民共和国）」という政府が設立され、一時は、ロシアの敵国であったドイツ、さらにオーストリア・ハンガリー帝国と手を結び、ウクライナ全土を支配するところまでになりました。しかしその後は、ポーランドとの衝突、オーストリア・ハンガリー、及びドイツ帝国の裏切りと敗戦、そしてロシアのボリシェビキ政権の圧倒的軍事力の前に崩壊しています。

ウクライナは、ソビエト連邦の一つの共和国として完全にモスクワの支配下に置かれました。ウクライナの独立運動の指導者としてはネストル・マフノ、シモン・ペトリューラという指導者が知られています。

こうした動きに呼応してウクライナ正教会の中からも、ツァーリに奉仕するだけだったモスクワ総主教庁から独立しようという動きが出てきました。これまで古スラブ語で行われていた典礼（奉神礼）を、現代ウクライナ語で行うことを含む大胆な改革独立運動でした。

この運動は、ウクライナの政治独立運動の荒波にのまれながらも、1922年、ウクライナ独立正教会をモスクワ総主教庁から分離独立させることに成功しました。ただ全部が独立したのではなく、モスクワの管轄にとどまる人々も相当多数いたのです。それでも分離独立が実現したのは、ロシアのボリシェビキ政権が、当初モスクワ総主教の力を削ぐために、ウクライナ独立正教会の分離独立を支援したからです。

ところが1927年、モスクワのセルゲイ総主教代理がボリシェビキ政権に対し、「国家に対する忠誠宣言」を出すと、事態は一変します。ボリシェビキ政権にとって、今度はウクライナ独立正教会のウクライナ民族主義傾向が邪魔になったのです。ウクライナ独立正教会は禁止弾圧され、多くの聖職者は海外に逃れました。

1932〜33年にかけて、ウクライナで「ホロドモール」と呼ばれる大飢饉が発生して、400万人とも500万人ともいわれる人が餓死します。スターリンが行った無理な集団化農業政策の失敗、天候不良、そして作物の強制収奪が原因でした。「欧州の穀倉地帯」といわれたウクライナにおいて、史上最悪ともいわれる惨劇が起こったのです。

食物の提供を拒む農民は殺され、人々は人肉まで食べるありさまでした。これによって海外に逃れた人々の救援活動を、海外のウクライナ独立正教会は熱心に行いました。

## ◉ナチスに使われた、ウクライナ独立運動の指導者

1941年、ヒトラーは突然、ドイツ領ポーランドからロシア（ソ連）領ポーランドに侵攻します。虚を突かれたロシア軍は、敗北に次ぐ敗北を重ねてウクライナを蹂躙（じゅうりん）され、スターリングラード（現ヴォルゴグラード）にまで追い詰められます。

じつは当初、ウクライナにおいては、ナチスを解放軍として迎える人たちが西部のみならず、東部にも多くいました。スターリンの統治下で発生したホロドモール、集団農場化による困窮からソ連に対する反感が強かったからです。

これに先立つ1939年9月に、反ポーランド（183頁）と反ソ連を掲げるウクライナ独立運動（OUN）の指導者ステパーン・バンデーラが、ポーランドの刑務所からナチスドイツの手によって解放されます。1941年、バンデーラに率いられたOUNは、リビウへ入り、ウク

ウクライナ独立運動の指導者バンデーラ

ライナの独立を宣言します。

しかし、ナチスドイツはあくまでも、バンデーラをソ連に対する手駒としか考えていなかったので、ウクライナの独立を認める気はありませんでした。

バンデーラはナチスによって捕らえられ、ドイツの強制収容所に送られてしまいます。OUNはドイツにより徹底的に弾圧され、多くの党員が銃殺されました。こうして当初、ナチスドイツを解放軍と考えたウクライナ人の期待は裏切られたのです。

ナチスは、ソ連が戦争捕虜の保護を記した１９２９年のジュネーブ条約の締結国でないことを理由に、ソ連側の捕虜を虐殺しました。

次に、ウクライナ領内のユダヤ人虐殺が始まります。ウクライナでは、ポーランドのアウシュヴィッツのような収容所に連れて行くのではなく、ユダヤ人が住んでいる町や村の郊外に引きずり出して殺すという方法をとりました。この結果、多くのウクライナ人がユダヤ人の虐殺を目の前で見ることになったのです。

中でも有名な事件は、キーウ郊外で行われたバビ・ヤールの大虐殺です。１９４１年９月29日と30日の２日間で、３万人以上のユダヤ人が殺されました。ユダヤ人をかくまったウクライナ人も、逮捕ではなく銃殺されたのです。

こうした状況にあって、ギリシャ・カトリック教会のアンドレイ・シェプティッキー大司教は、西部ガルシア地方のユダヤ人数百人を自分の住まいと修道院にかくまいました。シェプティツキー大司教は、1942年2月には、ヒトラーの側近でありユダヤ人虐殺の中心人物とされたヒムラーに抗議の書簡を送ります。

これに対するヒムラーの返事は「仮にあなたが高齢でなければ、すぐに銃殺にした」というものでした。シェプティツキー大司教は「汝殺すなかれ」という司牧書簡を発出して、それをウクライナ全国のカトリック教会で読み上げて反抗を続けます。

ドイツは当初、ウクライナの豊かな農業地帯にドイツ人農民の天国を創造することを計画していましたから、ウクライナの西部ビニツァの郊外に、ヒトラーのための居住地を作っていました。

あまり知られていませんが、ヒトラーは1942年の夏と秋、そして1943年の春と秋に、この地でかなりの時間を過ごしています。現在は小さな記念館が建てられ、ナチスの蛮行が展示されています。

ナチスによって使われ、その後迫害されたOUNはウ

ユダヤ人虐殺に反対したギリシャ・カトリック教会のシェプティツキー大司教

クライナの独立をめざして、１９５０年代までソ連に対するゲリラ活動を継続します。バンデーラ自身は、終戦後に連合軍によって解放されますが、１９５９年にドイツでソ連のKGBによって殺されます。

バンデーラは、ソ連政府、そしてロシア政府にとっても反ロシア運動の許されざる指導者と考えられています。ウクライナでもバンデーラの評価は長い間タブーでしたが、２００５年ごろから愛国者だと評価され始め、現在ではウクライナ西部を中心に多くの記念像が建てられています。

ただ、バンデーラに関しては、ポーランドやイスラエルから、ポーランド人及びユダヤ人の虐殺に関与したとの意見が出され、また、当初ナチスに協力したことから否定的な評価を下す人たちが多くいることは事実です。

プーチンが、ウクライナのゼレンスキー政権を「ネオナチ・バンデーラ」と呼んで攻撃しているのは、このような背景があるからです。ゼレンスキー大統領は全くナチズムとは関係ない人物ですが、プーチンにとっては反ロシアの人物やウクライナ愛国主義者は、すべてネオナチ・バンデーラなのです。

## ◉スターリンと正教会との関係に起きた変化

１９４１年のヒトラーのロシア侵略に際し、セルゲイ総主教代理はロシア国内のロシア正教徒に対して、すぐさま祖国防衛戦を呼びかけています。じつはこのとき、ナチスドイツは「ロシア共産主義者は教会を弾圧したが、ナチスドイツは教会を共産主義の手から解放する」とのプロパガンダを行っていました。

セルゲイ総主教代理の呼びかけもあり、ロシア軍は体制を立て直し反撃に出ます。そのさなかの１９４３年9月、スターリンは、セルゲイ総主教代理を含む3人の代表的な府主教をクレムリンに招き、感謝の意を伝えます。これまで教会弾圧を行ってきたスターリンが態度を変えたことは、人々を驚かせました。

この結果、正教会はモスクワにおいては空位であったモスクワの総主教に、正式にセルゲイを選出できたのです。

スターリンは、第二次世界大戦後にも驚くべき発表を行います。１９４８年にモスクワ総主教庁設立５００年（１４４８年にモスクワが独自に首座主教を任命したことを指す。84～85頁参照）を記念し、8世紀以来開かれていなかった第8回目の「全地公会議」をモスクワで開催するとの発表を行ったのです。

スターリンの目的は二つありました。一つは、モスクワをコンスタンティノープルに代わる正教会の盟主の地位に引き上げてバチカンに対抗する勢力にすること。もう一つは、共産化を進めていた東欧におけるカトリック教会の勢力を削ぐことでした。

このとき、スターリンが、ローマ教皇の権威を揶揄して「ローマ教皇とやらは何個師団を動かせるのか」と言ったことは有名です（これを聞いたローマ教皇ピオ12世は「自分が持つ師団は、天使の軍団である」とやり返しました）。

ソ連が作成した会議の討議リストには、教皇の首位権を否定する事項の決定も入っていました。８世紀までの公会議はビザンティン皇帝が召集していたので、ソ連の書記長であるスターリンは、自らに公会議開催の権限があると考えたのです。

スターリンの公会議召集権限に対しては、コンスタンティノープルの全地総主教をはじめ、多くの正教会指導者が反対を唱えました。結局、スターリンは公会議でなく「汎正教会会議」（171頁）と名前を変えて開催しましたが、多くの正教会は、モスクワ総主教庁設立５００年の記念式典には参加したものの、会議自体はボイコットしたのです。

じつはこのとき、もう一つの動きがコンスタンティノープル全地総主教をめぐってありました。１９４６年以来、コンスタンティノープル全地総主教であったマキシモス５世がソ連と通じているとのうわさがあり、事実、彼はギリシャにおける内戦において共産主義者を破門することに難色を示したのです。

米国をはじめとする欧州の指導者にとって、共産化するバルカン半島において、正教会がそれを認めることを防ぐ必要がありました。そこで米国と西側の指導者は、マキシモス5世に退位を迫り、ニューヨークで正教会を率いていた親米のアテナゴラスを、新たな全地総主教の地位につけることに成功したのです。1948年のことです。

このとき、アテナゴラスはニューヨークからトルコまで、トルーマン米国大統領が用意したプライベートジェット機で飛んでいます。

一方、スターリンが正教会に対する立場を変えたからといって、正教会が自由を認められたわけではありませんでした。教会による学校運営や慈善活動は固く禁じられており、教会が集めた献金も、教会の建物の維持費に使うことのみが許されたのです。

## ◉スターリンの死後も正教会の受難は続く

1953年にスターリンが死去すると、フルシチョフが権力闘争に勝ち抜いて共産党第一書記に就任します。そしてフルシチョフの下で、正教会は再び政府の弾圧を受けること

1981年5月13日、バチカンのサンピエトロ広場で銃撃されたヨハネ・パウロ2世。左手に血が付いている。（写真提供：UPI=共同）

になりました。

1961年には、正教会の司祭が住むアパートでひそかに行われていた宗教行事や集会が禁止され、政府の官憲による検閲が強化されました。正教会の洗礼を受けるに際して政府の許可が必要とされたのです。

フルシチョフ政権の下では、現存していた教会の3割が壊されたといわれます。フルシチョフによる迫害は、さらに多くの教会と修道院の閉鎖という事態を生みました。しかし、さすがに聖職者の殺害までは行われなかったので、正教はむしろ信者数を増やしていったのです。

1978年、ポーランド出身のヨハネ・パウロ2世がローマ教皇に即位します。共産国であるポーランド出身のヨハネ・パウロ2世の即位は、ソ連をはじめとする共産各国に衝撃を与えました。

1979年、ヨハネ・パウロ2世がポーランドに凱旋帰国したときは、文字どおり何十万、何百万というポーランドの人々が各地で熱狂的に迎えています。

ポーランドは人口の9割がカトリックというお国柄ですから、カトリック教会の権威は絶大でした。

これに脅威を感じた東ドイツとソ連の秘密警察は、1981年5月、ローマ教皇の暗殺をローマのサンピエトロ広場における教皇謁見式の場で企てています。銃撃された教皇が一命を取り留めたので、その権威は一段と強まることになりました。ポーランドにおける共産党体制はガタガタになり、それが欧州における共産党体制の崩壊につながっていったのです。

### ◉ウクライナでスターリン、フルシチョフは何をしたか

第二次世界大戦後、ウクライナの現在の国境が画定します。ウクライナ人が多かったポーランドの東部もウクライナに編入されました。ポーランドはその代替として、東部ドイ

ツをポーランド領としています。

ウクライナはまた、1945年に創立された国際連合において、ソビエト連邦とは別にベラルーシと並んで国連の原加盟国としての議席を得ます。そのため、独自の外務大臣と国防大臣を持つことも認められました。

他方でスターリンは、ナチスドイツに好意的だったとの理由で、西部及びクリミアにおいて住民の弾圧を始めます。

スターリンがまず目をつけたのが、西部を中心とするギリシャ・カトリック教会の存在でした。スターリンは、ギリシャ・カトリック教会がウクライナにおいて、ソ連に敵対する勢力の精神的支柱になっていると考えたのです。バンデーラとの関係も疑われました。

1946年3月、ソ連は、ギリシャ・カトリック教会の中心であったリビウにおいて形ばかりの教会会議（シノッド）を開催し、正教会がローマ教皇の首位権を認めたブレスト合意（90頁）を破棄することを決定したのです。ソ連から派遣されたKGBは、ギリシャ・カトリック教会を一つ一つ巡回し、各教会にギリシャ・カトリックからの離脱を迫っていきました。

その過程で、それを拒む神父は教会から引きずり出され銃殺されたのです。多くのギリシャ・カトリックの神父は、一般の職業を得て、隠れた形で信者と典礼を行うようになりました。いわゆる「地下教会」です。

このとき、第二次世界大戦においてユダヤ人の迫害に関してナチスに抗議したアンドレイ・シェプティツキー大司教が、１９４４年に病没していたことも、スターリンが強硬な政策に出た理由でした。シェプティツキー大司教はナチスに抵抗した大司教として国際的な名声があり、ソ連もうかつには手を出せなかったのです。

ヨゼフ・スリピーがその後継者に選ばれていましたが、スリピー大司教は、１９４５年にソ連によって逮捕され、シベリアの強制労働収容所に送られていました。

スリピーが解放されたのは、スターリン死後の１９６３年のことです。ローマ教皇ヨハネ23世と、米国のジョン・F・ケネディ大統領の働きかけによるものでした。

特に教皇ヨハネ23世は、その前年の１９６２年10月に、ソ連のミサイル配備をめぐって米国とソ連の間に起きたキューバ危機において、両国に平和解決を訴えました。この過程で、バチカンとソ連の間でコミュニケーションのチャネルができていたのです。フルシチョフはキューバ危機に際し、ローマ教皇が果たした役割を認めていたので、それがスリピー大司教の釈放につながりました。

この釈放に引き続き3月には、フルシチョフの女婿であったアジュベイが、ヨハネ23世との会見を行っています。ヨハネ23世は、4月に回勅「地上の平和」を発出し、その中でソ連が当時模索していた、平和共存路線を認めるとの姿勢を打ち出したのです。回勅とは、教皇が全教会の司教または信者に宛てて、教会全体の重要問題について書き送るラテン語の手紙です。

しかし、このことでフルシチョフが国内における教会の弾圧を緩めたかというと、そうではなかったことも特筆しておかなくてはなりません。

その一方、遡ること約10年前の１９５４年、フルシチョフはクリミアを、ソ連邦の中核をなすロシア共和国から連邦の構成国の一つウクライナに移管します。

この年は、コサックの棟梁フメルニツキーがロシアとの間で結んだ「ペレヤスラフ協定」（98頁）の３００年目に当たるとして、ソ連において、ロシアとウクライナとの「再統一」３００年祭を大々的に祝ったのです。その一環としてこの移管は行われました。

フルシチョフは、かつてスターリン時代に、ウクライナ共産党第一書記として長い間ウクライナで過ごしたことがあり、ウクライナには愛着を持っていたといわれています。

### ◉最悪の原発事故がウクライナに残したもの

１９８６年4月26日、キーウの北１００キロにあるチョルノービリ（チェルノブイリ）原子力発電所第4号炉が、運用試験中に制御不能となり爆発。広島に落とされた原爆の５００倍ともいわれる放射能が広がりました。

事態をさらに悪くしたのは、ソ連がそれを隠蔽（いんぺい）しようとしたことです。当時、ソ連の最大の祝典であった5月1日のメーデーに、水を差したくなかったからだといわれています。消防隊が、まず防護服を身に着けないまま消火活動を行い、その結果多くの消防士が被曝（ひばく）して次々と亡くなるという惨劇が起こりました。

4月28日、スウェーデンの原子力発電所の職員が、高線量の放射性物質の検出を報告します。ソ連は隠し通すことができなくなり、事故から2日たった28日に、ようやく事故の発生を認めたのです。

飛び散った放射性物質がキーウを直撃する危険性が迫る中、ウクライナ共産党の指導者は、キーウ住民の退避を検討しますが、モスクワからはメーデーの祝賀行事を予定どおり行うようにとの指令がきます。

当時の風の関係で放射物資の汚染は、北部ベラルーシに甚大な影響を及ぼします。一方、キーウは住民の退避という事態を免れました。しかし、このような、国家の体面を人命よりも重視するようなモスクワの対応は、ウクライナの人たちに衝撃を与えます。

チョルノービリという語は「ヨモギ」を意味します。聖書のヨハネ黙示録に、ヨモギという星が天から落ちてきて多くの人が死んだ（黙示録8章10～11）との記述があることから、人々はこの聖書にある災いが実際に起こったと考え、恐怖に震えたのです。

１９８５年、ソ連の党書記長に就任したミハイル・ゴルバチョフは、当初教会の役割に興味を示しませんでした。ところが、自らが指導したペレストロイカ（改革）政策が行き詰まりを見せると、教会の支持を取り付けることを考えます。

１９８７年、ソ連共産党の出版する雑誌にロシアにおける正教会の役割が論じられ、ペレストロイカに教会が果たす役割があるとされたのです。

都合よく、１９８８年はウラジミール大公キリスト教受容１０００年祭に当たったので、これを記念する式典がモスクワで大々的に開催されます。スターリン時代に爆破された救世主キリスト大聖堂の再建も始まりました。この大聖堂は、かつてナポレオン戦争の勝利を祝って建てられたもので、モスクワの中心地にそびえていました。

１９８９年12月、ゴルバチョフ書記長は、ローマ教皇ヨハネ・パウロ２世をバチカンに訪ねます。この訪問においてゴルバチョフは、ウクライナにおけるギリシャ・カトリック教会の復活を認めたのです。

# ４章 ソ連崩壊とウクライナ正教会の独立問題

１９９１～２０１３

## ◉ウクライナの独立と四つの問題

１９８０年代後半になると、ソ連のゴルバチョフがペレストロイカ（改革）、グラスノスチ（公開性）という政策を取ります。そして１９９１年に、ソ連邦の構成国に大幅な自治権を与える形で連邦を維持する考えを打ち出します。

ところが同年８月19日、これに反対する国家非常事態委員会がクーデター未遂事件を起こすなどしたため、ゴルバチョフの威信は著しく低下しました。

これを好機と見たウクライナの最高会議は、８月24日、独立を宣言します。ウクライナがさらに12月に国民投票を行うと、90パーセント以上が独立を支持するという結果でした。

ソ連の消滅と3共和国の独立国家共同体の創設を宣言する3首脳。左からクラウチューク、シュシケビッチ、エリツィン。(写真提供：共同通信)

これが引き金となってソ連邦は崩壊します。

ウクライナの初代大統領レオナード・クラウチューク、ベラルーシ最高会議議長スタニスラフ・シュシケビッチ、ロシアの大統領ボリス・エリツィンは独立国家共同体の設立を宣言しますが、しかし、当初からその内容をめぐって対立が起こります。

ロシアは、この独立共同体をロシアを中心として崩壊したソ連邦の再編成を考えていたのに対し、ウクライナは、この共同体をウクライナがロシアから完全に離れるための道具と考えていたからです。

1993年、ウクライナは、独立共同体憲章を批准(ひじゅん)することを拒否します。ウクライナは、独立共同体が経済分野で協力をすることは支持しましたが、ロシアが軍事分野においてイニシアチブをとることは認めなかったのです。

１９９1年の独立当時、ウクライナには80万人ものソ連軍が駐留していましたが、そのうち7万5０００人は、ロシア人と考えられる人たちでした。彼らのうち1万人はロシアに戻ることを選択しましたが、残りの軍人はウクライナに残留することを望みました。このときロシアには、旧ソ連邦の各共和国から10万人規模のロシア兵が帰還しており、ロシアに戻っても職にありつけなかったのです。

結局ウクライナは、そのほとんどにウクライナ国籍を与えて引き受けました。

次に問題となったのは、クリミア半島のセバストポリにあるロシア艦隊の処理でした。ロシア帝国時代とそれに続くソ連邦において、ウラジオストクの極東艦隊、バルト海のバルチック艦隊、そしてセバストポリの黒海艦隊が3大艦隊でした。黒海艦隊は、クリミアを母港としていたので、その所有権をめぐって、ロシアとウクライナの間で分割のあり方が議論となったのです。

ロシアは、ウクライナ側に2割の船の船籍を引き渡しましたが、残りの8割の艦艇がセバストポリを離れることを拒否しました。

１９９７年にようやく合意が成立し、ロシアは、２０１７年までセバストポリの軍港を使用する権利をウクライナから得ます。２０１４年にロシアがクリミアを違法に併合した背景には、ウクライナが、ロシアのセバストポリの軍港を使用する権限合意を破棄することを恐れたからではないかとも考えられます。

さらに問題となったのが、ウクライナにある核兵器でした。１９９１年のウクライナには、ロシア、米国に次ぐ核兵器が貯蔵されていました。米国をはじめとする西側はこれを問題視して、１９９４年にハンガリーで「ブダペスト合意」を結びます。これは、ウクライナが核兵器を放棄してロシア内に移動させることと引き換えに、米国、ロシア、英国がウクライナの安全保障を約束するとの内容です。しかし、核兵器を放棄することについては、ウクライナ国内でも異論がありました。

放棄派は、ウクライナの核兵器のコントロール権限は所詮ロシアが握っているのだから、莫大な費用がかかる核兵器を引き続き所有しても意味がないというものです。これに対し保有派は、将来ロシアとの関係が緊張した場合に、核の保有は、自国を守るうえでも必要であるというものでした。

結局、米国は多大の経済支援を約束して、ウクライナから核を撤去させました。米国、ロシア、英国は、ウクライナの安全保障を約束したのですから、２０１４年と２０２２年に起こったロシアによるウクライナ侵略は明確な約束違反であり、侵略に対して米国と英国は、ウクライナ防衛の義務を負っていると考えられます。

最後に問題となったのは、ウクライナの正教会の問題です。これまで述べてきたように、正教会は、各国の独立した正教会からなる共同体という立場を取っています。この考えに基づけば、独立したウクライナが、モスクワ総主教庁から独立した正教会を持ってもおかしくありません。

## ◉ロシア正教会の再興に尽くしたキリル主教

１９９１年12月にソ連邦が崩壊したことで、宗教の自由は保障されました。ロシア正教会は信教の自由を獲得しましたが、大きな二つの問題に直面することになります。

共産主義時代に迫害されたとはいえ、宗教に関しては正教会が独占していたのですが、信教の自由が約束された途端、カトリック、プロテスタント、仏教、イスラム教といった伝統宗教に加え、オウム真理教などの新興宗教までがロシアに流れ込み、多くの信者を獲得していったのです。

これは１９９０年に制定された、きわめてリベラルな「信教の自由に関するソ連邦の法律」によって、いかなる団体にも布教の自由が認められたことも影響しています。

カトリック教会は16世紀以降、プロテスタントとの抗争、世界布教に伴う異文化・異宗教との遭遇、啓蒙（けいもう）主義の洗礼などを受けてその都度対応を迫られてきたので、異なる宗教との接触に慣れていました。しかしロシア正教会は、そのような異次元の世界と出会うこともなく、いわば正教会だけの純粋培養の世界に生きてきたわけです。

しかし外国からの宗教ブームは、１９９０年代の半ばになると収束に向かいました。これはソ連崩壊時に民主主義、市場経済に飛びついたロシアが、その結果、政治家間における権力闘争と市場経済の失敗による経済の悪化と国民生活の困窮を生み、西側の体制に疑問を持ち出した時期と重なっています。ロシア人の多くに、伝統的な正教会への回帰が起こったのです。

正教会は外国からの宗教の流入、活動を規制することを政府に働きかけ、１９９７年に新しい「信教の自由及び宗教団体に関するロシア連邦法」を成立させます。この法律により正教会は、法律の前文に「ロシアの歴史、その精神性及び文化の形成と発展における正教会の特別の役割を承認し」という文言を入れることにより、ロシアでの特別な地位を有していることを示すことに成功したのです。

この法律はまた、正教会と非正教会キリスト教を分けつつ、伝統宗教としてキリスト教、イスラム教、仏教、ユダヤ教を記載することで、その他の宗教との差異を認める法律となっています。そのため、米国、ローマ教皇庁をはじめとする各種宗教団体からは、信教の自由を制限するものとして懸念が表明されました。

正教会にとって2番目の問題は、教会の経済基盤の確立でした。

信教の自由が保障され、それまで政府によって他の目的に使われた多くの教会が正教会に戻されたのは、好ましいことでした。が、ロシア帝国時代に有していた広大な土地や、民間の所有となっている教会財産が返還されたわけではありません。

この財政再建で大きな功績を上げたのが、のちにモスクワの総主教に選出されることになるキリル主教なのです。キリル主教は当時、正教会の外務大臣にあたる対外渉外関係の責任者で、そのため国際的に名の売れた存在でした。１９９４年からの3年間、キリル主教は「人道支援」物資という名目で、外国製のワインと煙草を非関税で輸入する権利を政府から得たのです。

この結果、市価よりはるかに安いワインと煙草が教会の売店で売られ、それに人々は群

左がキリル府主教、右がアレクセイ2世総主教（肩書きは2008年当時）

がったので、正教会は莫大な利益を上げました。

キリル主教の指導により、ロシア正教会はさらに政府が輸出する石油の10パーセントを輸出する権限を得て、ガスプロムをはじめとする企業と結びつきを強めていきます。

ロシア正教会がこのようなビジネスに乗り出していくことには、内外から大きな批判がありました。今でもキリル総主教のことを「タバコ主教」と揶揄する人がいます。しかし他方で、多くの教会の再建に莫大な費用がかかることも事実です。教会の財政基盤を確立したキリル主教の評価は正教会内で高まり、２００９年、アレクセイ2世が永眠すると、その後を継いで「モスクワ及び全ルーシ（ロシア）の総主教」に選出されたのです。

なお、キリル総主教の前任のアレクセイ2世は、

２０００年にモスクワ総主教として初めて日本を訪問しています。その際、天皇陛下（現在の上皇陛下）と森喜朗総理とも会見しました。

アレクセイ2世総主教の天皇陛下との会談実現には、プーチンによる直接の働きかけと、明治時代に日本を訪問中のニコライ皇太子（のちのニコライ2世皇帝）が津田三蔵に切りつけられたとき、ロシア内で起こった対日強硬論を日本にいたニコライ主教が抑えたとの実績が考慮されて実現したのです。

天皇陛下は、このニコライ主教の果たした役割を評価したうえで、アレクセイ2世総主教と会われたのです。

### ◉ウクライナ正教会で起きた独立の動き

１９８０年後半になり、ソ連における信教の自由が顕著になりだすと、ウクライナの教会においてもいろいろな動きが出てきます。１９８９年には、ソ連政府に活動を禁じられていたギリシャ・カトリック教会が、ウクライナにおいて活動を認められることになりました（121頁）。

また、これまで迫害を受けていたウクライナ独立正教会も息を吹き返し、１９８９年には、米国に亡命していたムスチスラフ府主教がウクライナに帰国して「ウクライナ独立正教会総主教」と名乗り、就任します。

ムスチスラフ府主教の率いるウクライナ独立正教会は、米国のニュージャージーとカナダにおいて、それまで活動していました。ムスチスラフ総主教は、このとき90歳と高齢です。総主教の称号は、勝手に称した称号とはいえ、初めて総主教の称号をウクライナ独立正教会のトップが使ったのです。

この動きに対しモスクワ総主教庁は、これまでウクライナ独立正教会なるものを認めたことはなく、今回の決定は教会法上も認められないとの宣言を発出し反発します。

この動きは、モスクワ総主教庁を母教会とするキーウ府主教の動きにも影響を与えます。1990年から翌年にかけて、キーウ府主教フィラレート（180頁の写真）は、ウクライナのすべての主教の総意だとして、ウクライナ正教会のモスクワ総主教庁からの独立を申請。モスクワ総主教庁は教会会議を開いて検討しますが、その答えは「NO」でした。

モスクワ総主教庁は、ロシア人とウクライナ人が宗教上の一体性を保つためにも、ウクライナの教会とモスクワの教会を分ける試みは認められないというのです。それればかりか、モスクワ教会会議は、フィラレートが分派活動をしているとして、その解任をも決定したのです。

フィラレートに対しては、私生児がいるとか、ソ連邦下でＫＧＢ（カーゲーペー）のスパイだったなどの個人攻撃が加えられました。フィラレートはモスクワから戻るや否や、モスクワの解任決議を否定し、ウクライナ独立正教会に接近。独立正教会のムスチスラフ総主教をキーウ総主教（キーウ及びルーシ・ウクライナ総主教）に、自らが次席になるとの提案を行いますが、ムスチスラフ総主教は、最終的にフィラレートの合同提案を拒否します。

その結果、１９９５年フィラレート自身がキーウ総主教に就任します。フィラレート総主教のウクライナ国内における権威は大きなものがあり、多くの主教や聖職者がフィラレートに従いました。ここに至ってモスクワ総主教庁は、フィラレートと彼に追従する聖職者を破門にします。

フィラレートがここまで強気になれたのは、ウクライナ正教会がモスクワから完全に独立することについて、クラウチューク大統領のみならず多くの最高会議議員が支援したことがあります。フィラレート総主教は、コンスタンティノープルその他の総主教庁に対し、新たなキーウ総主教庁を認めるように呼びかけますが、モスクワ総主教庁の強硬な反対キャンペーンもあって、認める総主教庁は現れませんでした。

教会法上は、正当な教会であるとは認められなかったのです。それではもう一つのウクライナ独立正教会はどうなったかというと、高齢のムスチスラフ総主教が間もなく死去しその勢いを失っていきます。

一方、ギリシャ・カトリック教会は、ローマ教皇庁に認められたカトリック教会としてウクライナと西側のかけ橋として勢力をのばしていきます。

## ◉市場経済に対応できなかったクラウチューク大統領

1994年6月、ウクライナは、EUとの間で協力協定を結びます。同じ年にNATOとの間でも、平和のための友好協定を結びます。この協定により、かつてNATOに対抗するために作られたワルシャワ機構の一員だったウクライナは、NATOの友好国と認められたのです。

1997年には、キーウにNATOの情報センターが設立されます。ウクライナは、確実に西ヨーロッパとの関係を強めていったのですが、その国内状況は混乱を極めました。

まず経済は、急速に進めた市場経済の失敗で落ち込みます。これまでの社会主義経済に慣れていた国民にとって、いきなり自由な市場経済に移行しろと言われてもうまくいくわけはありません。そもそもウクライナの工業製品は、ロシアとウクライナの市場では売れても、とても西側製品と競争できるような品質の製品ではなく、西側から質の良い製品が大量に流れ込むと、競争力のない多くのウクライナ企業は倒産していきました。

　このためウクライナの国民総生産（ＧＮＰ）は、１９９１〜１９９７年の間に60パーセントも落ち込むことになります。特に１９９４年の国民総生産の落ち込みは、23パーセントを記録しました。ウクライナは、ロシアの市場とロシアからのエネルギー供給に頼らざるを得ない実態が明らかとなったのです。

　クラウチューク大統領は、１９９４年、大統領選挙を前倒しして行います。この結果、経済の失敗で人気を落としたクラウチュークに代わって、レオニード・クチマが新たな大統領に選ばれます。ウクライナでは、他のソ連邦構成国と異なり、民主的な選挙による政権交代が行われたのです。

　前述したように、ウクライナでは18世紀にロシアにのみ込まれるまでは、コサックによる民主的な統治が存在していました。また西部は、18世紀にオーストリア帝国領になった後も、ウイーンの帝国議会に代表を送るという伝統が形成されました。独立後は親ロシア勢力、親ＥＵ勢力、民族主義勢力が合従連衡（がっしょうれんこう）を繰り返しつつ政治が行われたため、独裁的な大統領を生むことがなかったということも民主的な政策運営に寄与したと考えられます。

## ◉クチマ大統領による経済立て直しと「オリガルヒ」の誕生

クチマ大統領は、民営化を進めることによりウクライナ経済を立て直します。ただその段階で、「オリガルヒ」という富を独占する大富豪を生み出しました。そのからくりは次のとおりです。

ウクライナ政府は、国営企業の民営化を行うに際して、国営企業の株券を従業員に配布します。しかし、従業員はその株券を現金に換えます。この株券を安い価格で買い集める形で、企業のコントロール権を得ていったのが、オリガルヒなのです。

ウクライナの2代
大統領クチマ

民営化といっても、国が一部の経営権は保持する形の民営化ですから、経営が赤字になっても国がそれを補塡（ほてん）してくれます。さらに株式総会での決定は、会社の株の6割の株主の決定が必要との法律を制定します。こうすると、いくら国が株を過半数持っていても、4割の株を持っているオリガルヒの同意なしでは運営できません。

こうしてウクライナでは、アーメトフ、コロモイスキー、ピンチューク、フィルタッシュといった大富豪が富を独占していきました。

著者は、ピンチューク夫妻（夫人はクチマ大統領の娘）と親しく付き合いましたが、ピンチュークはキーウ市に広大な邸宅を構えていて、そこにプライベートガーデンとしては欧州最大規模という日本庭園がありました。著者が夫婦で招かれて行くと、ヤツニューク首相をはじめとする要人も呼ばれて、食事に同席していました。

２０１７年にウクライナにおいて「日本年」が開催されたときには、広大な日本庭園でポロシェンコ大統領夫妻、ヤツニューク首相夫妻、クリムキン外相夫妻を招いて、裏千家にお願いして大茶会を開き、キーウ中の評判となりました。ピンチュークは、市内に現代美術を集めた美術館も持ち、村上隆の作品をいくつも所蔵していました。

ピンチュークは毎年、国際問題を話し合うヤルタ・フォーラムを開催していますが、各国から多くの元首級の出席を得る大がかりな会合となっています。さらに、ピンチューク財団は多くの慈善事業を行っています。

クチマ大統領の時代に、ようやくウクライナは経済成長に転じたため、彼は２０００年の大統領選において再選されます。クリミアにおけるロシア黒海艦隊問題を解決し、ロシアとの友好条約を締結し、国営企業の民営化を推進した大統領としての実績が評価されたのです。米国、EUの評判も良好でした。

## ◉クチマ・ゲートからオレンジ革命へ

ところがクチマの評判は、2000年秋に起こった「クチマゲート」と呼ばれるスキャンダルでガタガタになります。クチマのボディガードが密かに録音したテープが公(おおやけ)になったのです。そのテープには、クチマが民営化に際して、特定の人物に便宜を図っていること、賄賂(わいろ)を要求していること、そして批判的なメディアを黙らせるよう指示していることが記録されていたのです。

さらに9月に、キーウ近くの森の中でクチマ批判を行っていたジャーナリストの遺体が発見されます。クチマが、この殺害に直接関わっていたのではないかと疑われましたが、その関与は裁判において実証されませんでした。クチマ政権は存続しますが、ウクライナ国民の間では、政府による汚職がにわかに問題となりました。

そのころ、ヴィクトル・ユーシチェンコ(145頁の写真)という若いリーダーが期待を集めていました。ユーシチェンコはクチマ政権下で首相を短期間務めましたが、その短期間で税制の改革を行い、中小企業の発達を促したので、２０００年にウクライナ経済はプラス成長に転じたのです。

２００４年の大統領選挙は、プーチン及びクチマが推す親ロシア派のヴィクトル・ヤヌコビッチ（147頁の写真）と、親ＥＵを掲げるユーシチェンコとの一騎打ちになりました。

事前の予想ではユーシチェンコの優位が伝えられていたにもかかわらず、選挙管理委員会はヤヌコビッチの勝利を伝えたのです。それから間もなくして、ヤヌコビッチ陣営が選挙の不正を示唆する電話記録が明らかになり、国民の怒りが爆発しました。何十万というウクライナ国民が、キーウの中心にあるマイダン広場でのデモに参加したのです。憲法裁判所は、選挙の無効を発表します。

デモを行った人々がオレンジの旗を掲げたので「オレンジ革命」と呼ばれました。

## ◉ユーシチェンコ大統領の誕生と露わになった東西対立

結果、選挙はやり直しになり、ユーシチェンコが大統領に当選します。なお、選挙直前にユーシチェンコが突然倒れ、ハンサムな顔が変形したことから、毒を盛られたとのニュースが世界に広がったのもこのときです。

この選挙で明らかになったことは、親ロシア政策を掲げるヤヌコビッチが東部の票を独占し、親EUを掲げるユーシチェンコは西部の票を独占するという事実でした。

ウクライナの将来はロシアとの協力にあるのか、EUとの協力にあるのか。国論は東西で真っ二つに割れたのです。このとき、ウクライナの各教会も、ユーシチェンコ支持とヤヌコビッチ支持で二つに割れました。

キーウ総主教庁ウクライナ正教会のフィラレート総主教とギリシャ・カトリック教会のフサール枢機卿（すうききょう）は「政治、宗教そして経済的自由を守るため」として、ユーシチェンコを支持しました。これに対し、モスクワ総主教庁ウクライナ正教会は、ヤヌコビッチ支持を打ち出します。モスクワ総主教庁系の主教の中には、日曜日の説教において信者に対し「ヤヌコビッチに投票することが聖母マリアの意向である」と述べる者すら現れたのです。

当選後、ユーシチェンコが打ち出した政策は、EU加盟、NATO加盟に加えてウクライナの国民統一を達成することでした。そのために持ち出したのが、それまでタブーであったホロドモール（大飢饉）の惨劇を記念する記念碑の設立と、ロシアからネオナチとレッテルを貼られたバンデーラ（107頁）の記念像の建立でした。

ユーシチェンコは、ウクライナ国民が共通の歴史認識を持つことが、ウクライナ国民が同一のアイデンティティを持つために必要だと考えたのです。

ただバンデーラに関しては、ユダヤ人虐殺やポーランドへのテロ活動疑惑がつきまとっていたので、ロシアのみならずイスラエルとポーランドとの外交問題に発展します。そして、２００８年にＮＡＴＯ加盟を申請したことは、ロシアとの関係を極めて悪化させました。このときは加盟は実現しませんでしたが、将来の加盟国という地位を得たのです。

ウクライナのＮＡＴＯ加盟に関しては米国が積極的でしたが、ドイツとフランスがロシアを刺激するとして慎重な態度を見せました。またウクライナの最高会議においても、ＮＡＴＯ加盟の可否について賛成派と反対派の二つに分かれ、大論戦となります。

当然ロシアは、この加盟の動きに激怒します。

ロシアは、同時期にＮＡＴＯ加盟を申請したジョージアに対し、ロシア系住民を守るとしてオセチアに武力侵略を行い、ウクライナにはこれまで安価に提供してきたガスの値上げを発表しました。ロシアのガス料金値上げ問題は、ロシアから欧州へのパイプラインの操業が止まるという事態に発展し、欧州は大騒ぎになったのです。

## ◉国民統合政策とウクライナ正教会認知の動き

初代クラウチューク大統領は、モスクワ総主教庁から独立したウクライナ正教会の設立に熱心でしたが、2代目のクチマ大統領は大きな関心を見せませんでした。これに対して3代目のユーシチェンコ大統領は、2008年にウラジミール大公キリスト教受容1020年記念式典をキーウで開催し、そこにバルトロメオ・コンスタンティノープル全地総主教を招くことを計画します。

前章で述べたように、ウラジミール大公キリスト教受容1000年記念祭はソ連邦下のモスクワで行われました。ロシアがキーウ・ルーシ公国の後継者であることを世界に示すためです。これに対しユーシチェンコは、ウクライナこそがキーウ・ルーシ公国の後継者であることを示す式典をキーウで行ったのです。

2008年7月26日、キーウのソフィア大聖堂にバルトロメオ・コンスタンティノープル全地総主教を迎え、キリスト教受容1020年祭の聖体礼儀が行われました。招待状は、ユーシチェンコ・ウクライナ大統領とアレクセイ2世モスクワ総主教の名で発せられま

キーウでのキリスト教受容1020年祭に招かれたバルトロメオ・コンスタンティノープル全地総主教

した。

当初アレクセイ2世モスクワ総主教は、この式典がウクライナで行われ、そこにバルトロメオ全地総主教が出席するとなると、ウクライナの正教会の母教会がモスクワにあるのか、それとも、コンスタンティノープルにあるのかという問題が再燃することに、難色を示しました。ロシア正教内にも参加反対意見が多かったので、直前に取りやめるとの情報が流れました。

他方でアレクセイ2世が欠席し、バルトロメオ全地総主教のみが出席すれば、それこそウクライナ正教会の母教会はモスクワではなく、コンスタンティノープルにあることを全世界に印象づけることになるとの判断から、出席を決めたのです。

ただし正教会の世界で、教会法上認められていないフィラレート・キーウ総主教とウクライナ独立正教会の代表が、すべての公式行事に出席しないことが条件でした。

こうしてこの1020年祭は、ユーシチェンコ大統領が進めるウクライナ国民統合政策と、ホロドモール（大飢饉）、バンデーラ再評価問題とも絡んで極めて政治色の強いものとなったのです。

なお、この式典で、バルトロメオ全地総主教が「母教会として、ウクライナにおける正教会の分裂に心を痛めている」と発言したことは、今後、ウクライナにおける正教会の統合問題にコンスタンティノープルが積極的に関与するのではないかとの憶測を生みます。

ただ、ユーシチェンコ大統領が主催したバルトロメオ全地総主教歓迎行事に、ユーリア・ティモシェンコ首相、ヤヌコビッチ地域党党首が欠席しており、ウクライナ国内においても、ウクライナ正教会の独立問題に意見の一致がないことが明らかになりました。

ウクライナの統計によれば、「ウクライナがモスクワ総主教庁から独立した正教会を有することに賛成するか」との質問には、西部では賛成が42・5パーセントであったのに対し、東部では11・2パーセント（ラズムコフ記念ウクライナ政治経済研究所発行「国家安全保障と国防」2007年№9 P25）と、地域においてもその差が顕著でした。

### ◉ユーシチェンコ大統領と首相の仲違いの裏にロシアあり

ユーシチェンコの大統領就任は、民主主義の勝利として欧米で歓迎されました。ユーシチェンコは大統領就任後、欧米各国を訪問して英雄のような歓迎を受けることに時間を費やしました。そのため、国民の間から、問題が鬱積（うっせき）する国を置いて外遊ばかりしていると の不満が広がり始めます。

そのような状況で、ユーシチェンコとティモシェンコ首相との対立が起こったのです。ウクライナ憲法においては、外交と国防は大統領に、その他の内政の権限は首相にあるとされていますが、グレーな部分について明確な規定がないことが原因です。

ティモシェンコは、世界一の美人国といわれるウクライナにあって〝美しすぎる首相〟として有名な人です。著者も会ったことがありますが、議会における演説で絶叫調の気迫を見せたかと思うと、相手により涙目で感謝を表明するといったように、状況に応じて千変万化を見せる政治家です。

ティモシェンコは、インフレ防止のために価格上昇に制限を求める政策を進めようとしますが、ユーシチェンコは人気取り政策であるとして同意しません。

こうした対立が激化し、ユーシチェンコは2005年9月にティモシェンコを解任します。しかしユーシチェンコは、大統領就任時に野党勢力との協力を得るために、大統領の権力を弱める憲法改正を迫られ、大統領の持つ首相任命権を大統領から最高会議に移していました。この改正した憲法が2006年1月に発効したため、ユーシチェンコはそれ以降、首相を任命する権限を失います。

2006年3月に行われた選挙において、オレンジ革命で失脚したヤヌコビッチの党が

ウクライナの3代大統領ユーシチェンコとティモシェンコ首相(2007年)

最大議席を獲得します。このため、ユーシチェンコは、ヤヌコビッチを首相に指名せざるを得なくなりました。オレンジ革命の英雄ユーシチェンコとティモシェンコの協力体制を望んでいた国民の失望は、大きなものがありました。ヤヌコビッチは、政治の表舞台に復帰する糸口を得たのです。

しかし、ユーシチェンコとヤヌコビッチのコンビがうまくいくはずもなく、政治はますます混乱します。2007年にユーシチェンコは、事態打開のために最高会議を解散します。今度は、ティモシェンコの党が他の党と連立を組むことによって第一党になり、ティモシェンコが首相に復帰します。

こうした不安定な政治状況に加え、ユーシチェンコの遅刻癖、会議のすっぽかし癖も関係者の間で問題とされ、彼は人気を失いました。

ユーシチェンコとティモシェンコとの仲違いの裏には、ウクライナに対する石油供給を武器に、プーチンがティモシェンコを取り込んだとのうわさも流れました。プーチンにとって、NATO加盟という親西欧政策を進めるユーシチェンコが邪魔な大統領であったことは確かです。

### ◉親ロ派ヤヌコビッチ大統領の誕生と失脚

こうして2010年に行われた大統領選では、2004年に拒否された、あのヤヌコビッチが当選。ユーシチェンコは選挙に立候補しましたが、5位に終わるという惨敗でした。

こうして誕生したヤヌコビッチ大統領のスタイルは、独裁色の強いものでした。

まず、憲法裁判所から2004年の憲法は無効であるとの判断を得ると、首相と閣僚の任命権を大統領に取り戻します。そしてキーウ郊外に迎賓館を造ると称して、広大な敷地に、大豪邸とゴルフ場、数多くの噴水が噴き上げるフランス式庭園、クラシックカーのコレクションを集めたガレージ、さらに動物園まで備えた大邸宅を公金で建設し、そこに家族と暮らし始めたのです。

外観はスイスの山小屋風ですが、内部には、高価なモザイクで覆われたバスルーム、ジョン・レノンが使った白いグランドピアノがある広大な広間、イコンで飾られた礼拝堂を備えた建物です。また大統領が移動する車列は、国王の車列と見間違えるような、多くの警察官の先導による派手なものでした。

トップがこのありさまなのですから、ウクライナ全体に腐敗の問題が再燃しました。国民のヤヌコビッチに対する見る目は、厳しくなっていきます。

一方でヤヌコビッチは、2010年の選挙において僅差で敗れたティモシェンコを追い落としにかかります。2012年、ティモシェンコは、首相在任中のロシアとの石油交渉における職権乱用と、公金横領罪で有罪判決を受けて収監されました。EU各国からは、ヤヌコビッチの政治的動機に基づく裁判であるとの非難が起こりました。

ウクライナの4代大統領
ヤヌコビッチ

ティモシェンコは、2014年におけるヤヌコビッチ失脚をもって、刑期を終えて出所しています。なお、ヤヌコビッチの失脚後、旧ヤヌコビッチ邸は一般に開放され、今では市民の憩いの場です。

## ◉キリル・モスクワ総主教の着座

2009年にアレクセイ2世・モスクワ総主教（モスクワ及び全ルーシ〔ロシア〕の総主教）が永眠し、その後任に予想どおり、キリルがモスクワ総主教に選出されます。

その着座式には、メドベージェフ大統領と並んで前年の2008年に大統領を退いたプーチン首相も出席しました。キリル総主教は、就任後の講話においてロシア、ウクライナ、ベラルーシ、そしてモルドバは「ルースキーミール（ロシアの文化、宗教、言語による共同体）」によって結ばれた世界であると発言します。

キリル総主教は、キーウはロシア正教会の発祥の地であり、モスクワとの一体性を保つ必要があると明確に述べたのです。ルースキーミールの考えは、前任の総主教アレクセイ2世の時代に出されていましたが、それをキリル総主教は実行に移したのです。この考えは、大ロシア再興を自らの任務と考えるプーチンの考えと一致するものでした。

ただキリル総主教の説明によれば、これはあくまで信仰上の一体性であって、プーチンが主張するルースキーミールのように政治、経済、文化、言語の面にわたってウクライナ、ベラルーシといった国をロシアの影響下に置く考えとは異なるとの概念です。

キリル・モスクワ総主教は、ロシア正教会の対外担当の責任者を長く勤めており、国際的にも開明派といわれていました。前任のアレクセイ2世に比べれば、カトリック教会をはじめとする他のキリスト教会との対話にも熱心であると考えられてきたのです。

しかしウクライナ側は、キリル総主教の考えは、ロシアが正教会を通してウクライナ支配を強めるものとして警戒を強めます。キーウ総主教庁のフィラレート総主教は、この考えは、現在存在していない〝中世的考え〟であると批判します。そしてキリル総主教の発言は、モスクワ総主教庁に属するウクライナ正教会にも混乱をもたらしました。

モスクワ系の正教会の中にもウクライナ化を求め、キーウ総主教庁との話し合いを進めるべきであるとの考えを持つ人も多く、ペチュルスカ大修道院（61頁）のウラジミール府主教は、まさしくその考えであったからです。

しかしキリル総主教は、以降、モスクワ総主教庁をバチカンと並ぶ正教会の中心地にすることに力を傾注していきます。そのために、モスクワを中心とするウクライナとの宗教上の一体性を打ち出していくのです。

キリル総主教は、着座した2009年の7〜8月にかけてウクライナを訪問しました。ユーシチェンコ大統領は、ホロドモール（大飢饉）慰霊碑に合同で花束を置くという形でキリル総主教と会談しましたが、ロシアとウクライナが信仰によって結ばれた一つの世界であるという考えには、懸念を表明しました。

ユーシチェンコは、ウクライナ正教会のモスクワ総主教庁からの分離独立を求める立場だったからです。また各地で、キリル訪問反対を叫ぶデモが起こりました。

ところが、２０１０年２月、親ロシア派といわれたヤヌコビッチ大統領が当選すると、キリル総主教は、その就任式に合わせてキーウを再び訪問します。そして、ヤヌコビッチ大統領に祝福を与える儀式をペチュルスカ大修道院で行ったのです。

その光景はかつての、ロシア帝国における戴冠式を思い起こさせました。そのため、ウクライナの大統領が、外国人であるモスクワの総主教によって統治権を認められるかのような式典を行うことの是非をめぐる議論が、ウクライナ国内で巻き起こったのです。

さらにキリル総主教は、２０１２年のロシアにおける大統領選挙において「プーチンの統治は神の奇跡である」として公にプーチンを支援します。

翌年の２０１３年は、ウラジミール大公キリスト教受容１０２５周年に当たりました。この年を祝う行事は、ロシア、ウクライナ、ベラルーシの３か国がモスクワ総主教庁によって結ばれているという、ルースキーミールの理念を示す式典となったのです。

すなわち、３か国で行われた宗教行事を、プーチン大統領、ヤヌコビッチ大統領、そしてルカシェンコ大統領が、キリル総主教と共同で主催したわけです。

特に、プーチンがキーウのペチュルスカ大修道院において、モスクワ総主教庁に属するウクライナ国籍の聖職者一人一人に勲章を授与したことは、「クレムリンがキリル総主教を通して、ウクライナの正教会をコントロールしていることを示すもの」と受け取るウクライナ国民が多くいたのです。

なお、2012年9月にキリル総主教は日本を訪れていますが、そのときは、天皇陛下（現在の上皇陛下）と野田佳彦総理と会見しています。

著者に、フィラレート・キーウ総主教が語ったキリル総主教評は「一に政治家、二に外交官、三、四がなくて五に聖職者」というものでした。キリル総主教には、かつてKGBエージェントであったとのうわさも絶えません。

なおフィラレート総主教は、総主教館が著者の公邸と近かったこともあり、公邸でたびたび食事を共にしました。当時すでに90歳に近い高齢でしたが、よく召し上がり、よく話される方でした。

# 5章 ロシアによるクリミア併合とプーチンの失敗

2014〜2018

## ◉親ロ派大統領、プーチンを怒らせる

ロシアのプーチン大統領は「ソビエト連邦の崩壊は20世紀最大の地政学上の悲劇」であることを公に述べていましたが、２０１２年に大統領に再度就任するにあたって、ソ連邦の再建が大統領としての最重要な政策であるとの発言を行いました。

その布石の一つとして、ロシアを中心とする関税同盟の設立をめざし、それにウクライナが加入することを求めたのです。時のウクライナの大統領はヤヌコビッチで、プーチンと親しいことで知られていました。しかし、ヤヌコビッチとしてみれば、経済規模が米国の13分の1にも満たないロシア（２０２１年統計による）より、ＥＵと連携するほうがは

るかに合理的だとわかっていたので、ＥＵとの経済連携協定を進めたのです。

この協定はＥＵに正式に加盟するものではありませんが、ウクライナからＥＵに対する輸出品の関税がほぼゼロになるという、有利な協定です。将来のＥＵ加盟のために必要な経済改革についても、ＥＵから技術支援が得られるのです。

一方でヤヌコビッチは、ロシアに対する配慮として、２０１７年に終了予定のクリミアのセバストポリ軍港のロシアによる租借期間を、２０４２年まで延長するとの決定を行いました。

しかし、ヤヌコビッチ就任直後に行われたこの延長の議会承認をめぐって、最高会議は大荒れになります。反対勢力が議長席に卵を投げつけ、発煙筒をたいたので、議長は傘で身を守りながら大混乱のうちに承認を宣言しています。

ヤヌコビッチはまた、ロシアとの間で、ガス価格割引に関するパッケージ合意を結ぶことにも成功しました。ヤヌコビッチは、ロシア側はこうした親ロシア政策を評価して、ウクライナとＥＵの経済連携を認めるだろうと踏んだのです。

ところが、です。２０１３年11月、ヤヌコビッチは、リトアニアで行う予定だったＥＵとの経済連携協定の調印を、直前にキャンセルせざるを得ない立場に追い込まれてしまいます。プーチンは、ロシアを中心とした関税同盟にウクライナが加わることに固執しており、それに相反するＥＵとの協定を破棄させたのです。その見返りとして、ロシアは１５０億ドルの経済援助と、ガス価格の引き下げを約束しました。

これに怒ったのがウクライナの国民です。キーウの中心地にあるマイダン広場で抗議活動を始めました。マイダン尊厳革命の始まりです。当初は平和的な集会でしたが、２０１４年に入り、最高会議においてヤヌコビッチを支持する与党が議会でデモ抑圧決議を行ったため、デモ隊と警察の間で衝突が起きます。

このとき、キーウ総主教庁ウクライナ正教会と、カトリック教会は、教会の建物をけが人の看護のために開放します。特に、マイダン広場の近くにあるミカエル黄金ドーム教会（キーウ総主教庁ウクライナ正教会）とアレキサンダー教会（ラテン・カトリック教会）は、負傷者とその看護人であふれかえりました。

モスクワ総主教庁に属するペチュルスカ大修道院は、中立の立場からとして、ヤヌコビッチ支持派と反対派の代表を修道院に招き、話し合いを要請します。この段階で、フィラレート・キーウ総主教とスビアトスラブ・ギリシャ・カトリック首座主大司教は、明確に反ヤヌコビッチ勢力の支持を打ち出しました。

これに対して、モスクワ総主教庁のヒラリオン対外担当主教は声明を発表し、ギリシャ・カトリック教会がウクライナ国内の対立をあおる動きをしていると激しく非難します。

2月18日、デモ隊が大統領府に向かって行進を始めると、これに治安部隊が発砲したため多くの死傷者が出ます。デモ隊は大混乱に陥りました。ヤヌコビッチ大統領は大統領選挙の前倒しを提案しますが、多数の死傷者を出したデモ隊は納得しません。結局、ヤヌコビッチはキーウからロシアに逃亡しました。

その後のウクライナ側の発表によれば、2月18日に起こったデモ隊に対する銃撃には、ロシアの秘密警察が関与していたとのことです。

### ◉2014年に起きたロシアのクリミア併合

2014年2月26日になると、覆面をしたロシアの部隊がクリミアに現れ、それが引き金となって、ロシアはクリミアをウクライナから奪取します。明確な国際法違反です。

ではなぜ、ロシアは簡単にクリミアを奪取できたのでしょうか。

一つには、首都キーウが政治的混乱にあり、ウクライナ側は有効な手段が取れなかったことが挙げられます。二つ目は、セバストポリを租借しているロシア軍は、クリミアで行動する自由が認められていたため、ウクライナ側が対抗措置をとる間もなく、ロシア軍による占拠が完成してしまったことです。

ロシアは続いて、クリミアで住民投票なるものを実施します。ロシアは、99パーセントの住民が投票し、そのうち97パーセントがロシアに併合されることを望んだとして、クリミアをロシアに併合すると宣言しました。

しかし、これには疑問符が付きます。というのも、クリミアには、反ロシアを掲げるタタール人の大きなコミュニティがあり、このようなロシアの暴挙に反対してデモを起こしますが、活動家はすべて捕らえられロシアに連行されていたからです。タタールの住民は選挙をボイコットして、抵抗の意思を表しました。

さらに言えば、１９９１年のウクライナ独立に際し、ロシア系住民が多いとされるクリミアでも、６割以上がロシアからの独立を望んでいたのです。住民のほぼ全員がロシアの併合に賛成したなどというのは、現実的にあり得ません。

では、このクリミア併合に関して、キリル・モスクワ総主教はどうしたかというと、彼はプーチンの政策を支持しませんでした。

それは、プーチンが行ったクリミア併合の式典に意図的に欠席したこと、またクリミア教会管区の所属をロシアに移さずに、そのままモスクワ総主教庁ウクライナ正教会の管轄下にとどめて、教会法上はクリミアがウクライナに属していることを示したことに現れています。

ロシアの狙いは、クリミア併合だけではありませんでした。ウクライナ東部ドンバス地域にロシアの息のかかった自治地域を設立し、ウクライナ最高会議に代表を送ることにより、ウクライナがこれ以上ＥＵ、ＮＡＴＯに向かうことを阻止するとの政策を目論んだのです。

このため、東部の少数の親ロシア派といわれるマフィアまがいの人間に金をばらまいて、東部の広範な地域の都市で市庁舎を占領するという暴力手段に出ました。プーチンが、ウクライナの民主化の波がロシアに波及して、自分の立場が危うくなることを恐れたことも、その理由といわれます。

このときプーチンは、モスクワ総主教庁のドンバスに対する影響力に期待していました。つまり、ドンバス地域はモスクワ総主教庁に属する正教会の信徒が多いので、ロシアの介入を歓迎するであろうというものです。しかしそれは起きませんでした。その理由は後述します。

## ◉ポロシェンコ大統領の誕生と東部奪回作戦

2014年5月、逃亡したヤヌコビッチの後任を決める大統領選挙が行われ、圧倒的多数で、外務大臣、中央銀行総裁などを務めたペトロ・ポロシェンコが当選しました。

7月になるとウクライナ軍は、東部において奪回作戦を開始します。まず、親ロシア分離派の拠点とされていたスリャビャンスク（ドネツク州）を奪回します。

7月17日、オランダからマレーシアに向かっていたマレーシア航空機がドンバスの上空で撃墜され、乗客乗員全員が死亡するという惨劇が起こります。ロシア側は関与を否定していますが、親ロシア分離主義勢力が放ったミサイルによるものという結論が、第三者調査委員会によって出されています。

ウクライナの第5代
ポロシェンコ大統領

分離主義勢力は追い詰められますが、このときプーチンは、ロシア正規軍をウクライナ国内に投入して、分離主義勢力を支援するという行動に出たのです。

ロシアは、ドネツク全州のコントロールには成功しませんでしたが一部のコントロールはできました。このときのウクライナ軍は、極めて弱体化していたから

2014年のロシアによるクリミア併合と東部占拠

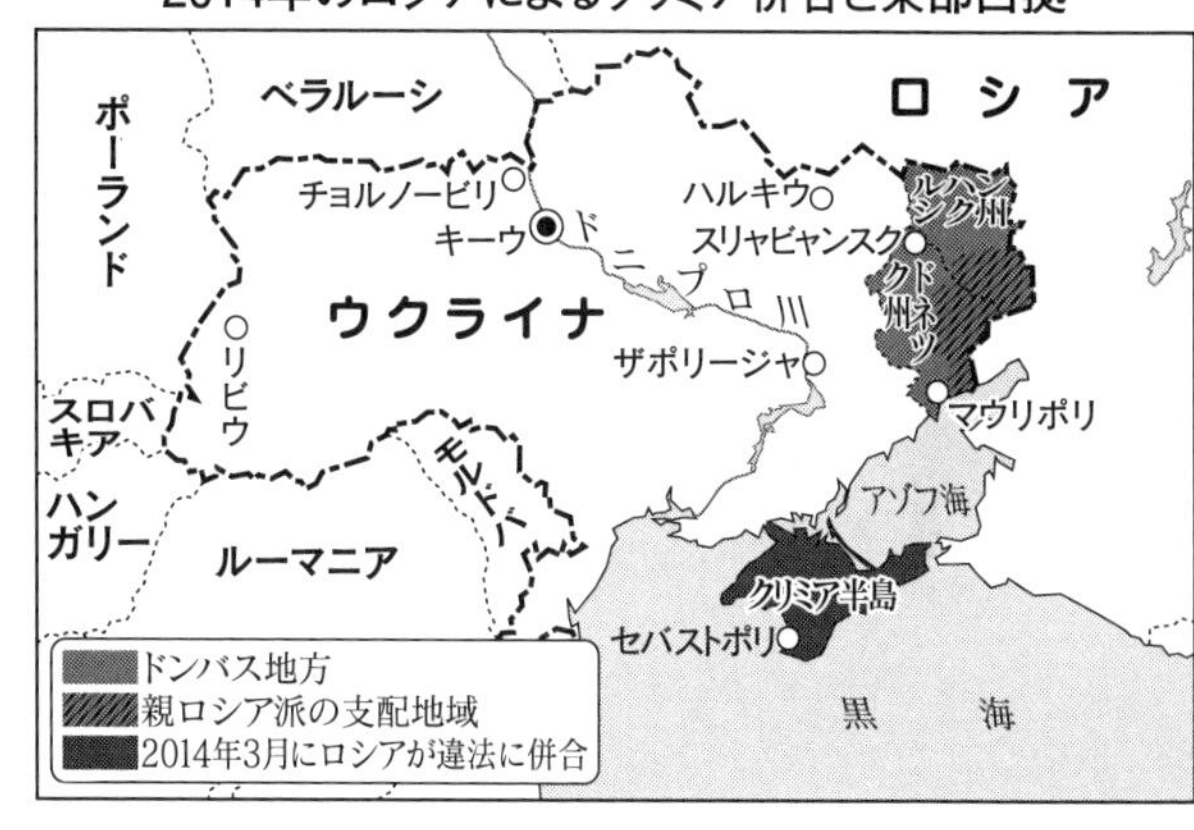


です。

ウクライナ国内には、NATOとロシアと双方と良好な関係を保っているので、軍隊は必要ないと考える政治家もいて、徴兵制度も廃止するという状況でした。

そんなウクライナ軍を補ったのが私的武装部隊です。コロモイスキー、タルータといった東部に拠点を置くオリガルヒと呼ばれる富豪が、資金を投じて私的武装部隊を編成し、親ロシア分離主義者に激しく抵抗したのです。

## ◉ロシアが狙うドンバス地域の特殊事情とは

ここで、ロシアとの紛争地となったドンバス地域の特徴を見てみましょう。

ドンバスは18世紀の終わりまで、荒れ野が続く地域でした。従ってスビャトヒルスク大修道院（62頁）を除けば、18世紀以前の歴史的建造物はあまり残っていません。

19世紀になると、この地域で石炭と鉄鉱石が採れるためロシア系住民が移住してきて、ウクライナ有数の工業地帯になりました。鉄鋼業を中心に発達したのです。なぜロシア系の住民が入植したかというと、当時のウクライナ人の多くは農業に従事しており、石炭、鉄鋼石の採掘には興味を示さなかったからです。

ドンバス地域で力を持つのは、これまで何回か登場したオリガルヒと呼ばれるビジネスのボスです。実際に行くとわかるのですが、それぞれの都市にビジネスのボスがいて、住民はそのビジネスに依存しています。これらのビジネスのボスは、住民に雇用を提供するだけでなく、教会の建設、スポーツスタジアムの提供、サッカーチームの支援、そして年金の支払いまで面倒を見ています。

ロシア語を話す住民が多いことから、これらの人々がロシアに親しみを感じていたのは事実ですが、これらの住民にとって一番大切なのは、自分たちの面倒を見てくれる人であって、その有力者がオリガルヒと呼ばれるビジネスのボスなのです。

中でもアフメトフというウクライナで一番の大富豪は、東部に多くの製鉄所と炭鉱を有し、住民にとっては神様のような存在なのです。

### ◉ロシアに有利な「ミンスク合意」が結ばれる

２０１４年9月と２０１５年2月の2回にわたって、ベラルーシのミンスクにおいて、ドイツのメルケル首相、フランスのオランド大統領、ロシアのプーチン大統領、そしてウクライナのポロシェンコ大統領が集まり、紛争解決のための二つの「ミンスク合意」を結びます。

これは、ドンバスにおける停戦と捕虜交換、そしてドンバス地域に高度な自治権を与えるという内容でした。

問題は、この地域における住民選挙のやり方と高度な自治権の内容です。ドンバス地域は中央政府から独立した検察制度、ロシアとの経済関連協定を結ぶ権限を有するとの内容になっており、これは著しくロシアに有利な内容でした。そのため、ウクライナ最高会議においても、そのままの形で承認を得ることはできませんでした。

また住民選挙を行うに際して、ロシアの干渉を防ぐためにロシアとウクライナとの国境管理を行う点もあいまいだったのです。

とおりです。

## ◉ドンバスの住民が反ロシアになる

ウクライナ東部にロシアに親しみを感じる住民が多かったのは、これまでも述べてきたとおりです。

しかし、その住民の多くがロシアに抱く親しみの感情は、2014年のロシア軍の侵攻で、180度変わりました。1万5000人といわれる死者を出し、多くの人が家を追われました。ロシアに親しみを感じていた人たちは、ロシアに裏切られたと感じたのです。

著者がキーウ在勤中に親しくしていたEU大使は、東部住民の抱いている感情を次のように話してくれました。

２０１５年４月、私（ＥＵ大使）は、マリウポリを訪問し、ロシア軍の砲撃により多くの子供が亡くなった学校を訪問しました。その後の会合で、一人の婦人がマイクに向かってこう述べました。

「私は、マリウポリの教師です。ソ連時代に生まれ育った人間です。本日に至るまで、ＥＵが私たちをロシアの攻撃から守ってくれることに感謝の意を述べる日が来ることは予想もしませんでした」

教師の目には、涙もなく感情も表さず、ただ短い言葉を述べただけでした。私（Ｅ

U大使）は、この婦人にはロシア側に多くの親戚がおり、ロシアのテレビを毎日見、ロシア語のみ話す生活があったことを思うと言葉を発することもできず、重い沈黙の時だけが流れました。毎日のようにロシアによる攻撃と虚偽のプロパガンダを受けた人々が、ウクライナ政府の強要を受けたわけでもなく、自然の選択としてロシアとの決別を誓ったのです。

著者は、2014〜19年のウクライナ在勤中に東部に頻繁に出張し、日本の援助によって修復された家屋、図書館、学校を見て回りながら、住民と親しく話し合う機会に恵まれました。親ロシア側からの攻撃を受けた地域で、住民の家に招かれたこともたびたびありました。

そこで耳にしたのは、ロシアから受けた仕打ちを呪詛（じゅそ）する住民の声でした。プーチンは2022年1月になって、突然ドンバス地方において、ウクライナ政府がロシア系住民に対するジェノサイドを行っていると言い出しました。

しかし2014年以来、ドンバスには欧州安全保障協力機構（OSCE）が監視団を滞在させて人権擁護を含む監視活動を行っていますが、一度もそのような報告はなされたことがありません。この監視団には、ロシアの要員も参加しているのです。

そもそもロシアは、なぜ２０２２年1月まで一度もそのようなことを言わなかったのでしょうか。そうした事実はなかったからです。プーチンは、２０１４年の段階でウクライナを失っていたのです。

## ◉ポロシェンコが進めたEU接近と汚職撲滅

ポロシェンコ大統領は、日本を含むＧ７の支援を受けながら、ＥＵとＮＡＴＯ加盟実現のための努力を行いました。

その結果、２０１５年5月、ドイツのエルマウで開かれたＧ７サミットにおいて、メルケル首相のイニシアチブにより、キーウに駐在するＧ７大使はウクライナ支援グループを結成し、協力してウクライナのＥＵ加盟と経済改革を支援することが決まったのです。

国際社会が、ウクライナの問題に関してＧ７が指導して対処していくとの体制ができあがったのは、このときです。エルマウサミットの直前には、安倍晋三総理が日本の総理として初めてキーウを訪問してもいます。

こうしたＧ７の支援もあり、ポロシェンコは、あれほどプーチンが反対していたＥＵとの経済連携協定を締結して、経済的にもロシア離れ及びEUへの接近策を次から次へと実現していきます。2014年には、25パーセントあったロシアとの貿易額は、2019年には7パーセントにまで低下しました。

ポロシェンコは国内の改革も、次々に行いました。

まず、汚職防止機関が設立され、オリガルヒの経済支配を制限する法律、国営企業の民営化が続々と打ち出されました。警察官の汚職を防止するため、警察官を順番にいったん解雇して、その後透明性を持った形で採用し給料を上げるというドラスティックな改革まで行ったのです。

また、交通違反と称して住民から金銭を要求することをやめさせるために、タブレット端末を導入し、現場では金銭のやり取りができないようにしたのです。日本はこの改革に合わせて、1800両もの警察車両をウクライナに寄贈しています。

汚職は、ウクライナをむしばむ問題でした。著者は、ギリシャ・カトリック教会のフサール枢機卿に対し、汚職撲滅に力を入れるのは、教会の義務ではないかと尋ねたことがあります。これに対する答えは「汚職問題は共産主義時代からの悪癖で、人々が国の金を横領するのは悪だと考えていないことが問題である。汚職で有名な政府高官が教会で神父に懺悔（ざんげ）をしても、汚職に関しては何ら述べないことから察せられる」ということでした。

つまり、共産主義は政府がすべての経済を握るという体制なので、国家の物を盗み取ることは、人の物を盗むことと比べて罪悪感が少ないというわけです。

## ◉国内対立を生むも、EUとNATOへの加盟に近づく

共産主義の悪癖の一掃のためには、医療改革も急務でした。これまで国から病院に払われる医療費は、病院のベッド数に応じて支払われるという質を無視した共産主義時代そのままのやり方だったので、これを改めました。医者が、実際に診察した患者数に応じた医療費の支給と、ホームドクター制の導入に改めたのです。

この改革に対しては、一部の医療関係者が強硬な反対運動を起こしましたが、日本は、医療改革に積極的な病院に高性能な医療機器を寄贈するという形で改革を支援しました。

司法改革も重要でした。それまで、裁判官は地方の政治有力者による縁故採用がまかり通り、そのため国民の裁判の公平性に対する信頼はありませんでした。これをポロシェンコは、透明性を持った試験による裁判官の任命に変えるプロセスを開始したのです。

さらにウクライナの経済の根幹であるガス事業に関しては、それまでナフトガスという

石油ガス公社が、ガス・パイプラインの管理と販売を一手に引き受けており、これが汚職の温床となっていました。これを販売部門とパイプライン部門に分割し、かつ電気・ガスといったエネルギー料金を市場価格に引き上げさせたのです。

これにより公社の赤字体質は改善されましたが、電気、ガス料金が一気に跳ね上がったため、国民の間では極めて不人気でした。

また、放漫経営で行き詰まっていたプリバト銀行を国有化したときは、銀行を所有していたコロモイスキーというオリガルヒから強い抵抗を受けました。コロモイスキーは、その恨みもあって、2019年の大統領選において、ウォロディミル・ゼレンスキーという俳優をポロシェンコの対抗馬として担ぎ出したのです。

さらには2020年に行われた米国の大統領選をひかえて、民主党の候補であったバイデンの息子とウクライナの企業の関わりが問題となり、それに関連して、当時の米国大使が更迭(こうてつ)されるというスキャンダルにまで発展しています。

ポロシェンコ政権下でのウクライナは、確実にEU加盟とNATO加盟に向かって進んでいきましたが、その過程では国内対立も生んだし、改革も行きつ戻りつと、必ずしも順調でなかったのも事実です。

ポロシェンコ大統領夫妻と著者夫妻。マリンスキー宮殿にて。

しかし２０１９年３月には、憲法が改正され、ウクライナのＥＵ加盟とＮＡＴＯ加盟が憲法に記されました。

著者は、ポロシェンコ大統領とは家族ぐるみの付き合いをしたのでよく知っていますが、押し出し、立ち居振る舞いなどすべての点において、大統領らしい大統領でした。著者夫妻がウクライナを去るとき、マリンスキー宮殿で送別のランチを開いてくれたのもポロシェンコ大統領とマリーナ夫人でした。

現大統領のゼレンスキーとの違いを述べれば、ポロシェンコは根っからの政治家であるため、決断をするにあたっては、あらゆる要素を考えながら慎重に決断するタイプです。それが人によっては、政治的妥協と映るのかもしれません。

しかし、あのプーチンも、ポロシェンコが政治のプロであることは認めていました。

それに対し、ゼレンスキーは政治経験が全くないので、ひとたび決断をするとそれに向かって突っ走るところがあります。戦時においては、それが強い指導力につながっていると思われます。

著者が初めてゼレンスキーに会った印象は、大統領と俳優が同居しているというものでした。ロシアの侵攻後の指導力には、驚くとともに強く印象づけられています。

### ◉再燃したコンスタンティノープルとモスクワの対立

これまで見てきたように正教会の中においては、古代五大教会からの伝統に従って、コンスタンティノープルの総主教が、全地総主教の称号と平等であるとされる各国の総主教の中にあって、名誉的に首座の地位を占めることが受け入れられていました。

これに対して、モスクワ総主教は、正教会の中において信徒数、財力において他を圧倒する力を持っていることから、正教会内の地位が儀礼的なものであるとしても、五大教会（ローマを除くと四大教会）の総主教より下位にあることは、かねてから不満の種でした。

冷戦後に起きた最初のコンスタンティノープルとモスクワの対立は、１９９６年にエストニア正教会の管轄権をめぐる対立です。

エストニアの正教会は、ロシア革命まではモスクワの総主教庁の管轄下にありました。しかしロシア革命後、ボリシェビキ政権の迫害を恐れたエストニア教会の指導者は、海外に亡命するとともに、コンスタンティノープル全地総主教を母教会とする海外亡命エストニア正教会を樹立します。

1991年にソ連邦が崩壊してエストニアが独立を果たしたのち、この海外亡命教会がエストニアに帰還し、コンスタンティノープルの管轄下にある教会として教会の再興を行ったのです。ところがエストニアには、ロシア革命後もモスクワ総主教庁を母教会とする教会が存続していたので、教会内でコンスタンティノープルとモスクワのどちらの管轄に入るのかをめぐって論争になりました。

コンスタンティノープルとモスクワのどちらも管轄権を譲らなかったので、1996年2月、アレクセイ2世モスクワ総主教がバルトロメオ・コンスタンティノープル全地総主教に対して、関係断絶の書簡を発するという事態になります。しかし、このときは、事実上問題を棚上げにしました。つまり、エストニアに双方の母教会に属する二つの正教会の存続をとりあえず認めるということで、関係を修復したのです。

しかし、管轄権問題自体が解決したわけではありません。そこへ2016年6月、クレタ島で開かれた「汎正教会会議」を、キリル・モスクワ総主教がボイコットする事件が起きたのです。

「汎正教会会議」について説明しておきましょう。東方正教会は、11世紀に、カトリックと分裂するまでに開催した七つの公会議だけを「全地公会議」であると認めています。しかし全く会議を開いていないかというとそうではなく、ローカルな会議に加えて、正教会の総主教が一堂に会した会議は開かれています。これを「汎正教会会議」と呼びます（かつてスターリンも開催。112頁）。

コンスタンティノープルのバルトロメオ全地総主教は、

・冷戦後、それまで社会主義国下に置かれていた教会が自由を獲得したこと
・他方で信教の自由が認められたことから、これまで各国で独占的地位にあった正教会がカトリック、プロテスタント、イスラム教という各宗教とどう接するかという問題に直面していること

に対処する必要性を感じていました。それで、東方正教会の指導者が集まった会議を開く決定を下したのです。

当初、モスクワ総主教もこの会議の開催には反対していませんでしたが、この会議にお

いて、コンスタンティノープル全地総主教が正教会において首座にあることを認める形になること、また古代五大総主教の下に着座すること、さらにウクライナ正教会の独立問題を議論することには懸念を表明していました。

教会の管轄問題は、ウクライナ正教会だけの問題だけではありません。前述したように、冷戦後にソ連から独立したエストニアの教会の母教会がコンスタンティノープルであるのか、モスクワであるのかという問題、さらに、アラビア半島の教会の管轄権がエルサレムにあるのか、それともアンティオキアにあるのかといった問題もあったのです。

バルトロメオ全地総主教は、モスクワに配慮して、開催地をコンスタンティノープルではなく、ギリシャのクレタ島にするなどの譲歩をして開催にこぎつけようとしました。ところが直前になって、ロシアのみならず、アンティオキア、ジョージアそしてブルガリアの正教会が出席を取りやめると発表したのです。このボイコットには、ウクライナ正教会問題が取り上げられることを嫌がったモスクワが、影響力を行使したとの見方が出ています。

ウクライナ正教会の独立問題については、会議後発表された公文書には何ら触れられていませんが、当然話し合われたはずです。いずれにせよ、キリル・モスクワ総主教の出席拒否は、バルトロメオ全地総主教の権威に対する明白な挑戦と捉えられました。

## ◉キリル総主教、ローマ教皇に接近する

キリル総主教は、汎正教会会議をボイコットする一方で、２０１６年2月にローマ教皇フランシスコとの会談をキューバで実現します。

これまで述べてきたように、モスクワ総主教庁は、カトリック教会に対しては強い警戒心を有していました。１９６５年に、ローマ教皇パウロ６世とアテナゴラス全地総主教が１０５４年の相互破門取り消しを宣言した（30～31頁）ことに関しても、これはローマとコンスタンティノープルの仲直りにすぎないと、その反応は冷ややかでした。

さらに、冷戦の終了に大きな影響力を与えたポーランド出身のヨハネ・パウロ2世は、ロシア訪問を望んでいましたが、アレクセイ2世モスクワ総主教が反対したために実現しませんでした。

キリル総主教は、かつてロシア正教の外務大臣にあたる対外担当府主教を務めていたことから国際的に有名で、カトリック教会との対話に積極的であるといわれていました。しかし、ロシア正教会には依然として根強い反カトリック感情があり、キリル総主教がカト

リック教会との対話を進めることに批判的な主教も多くいました。その反対を押し切って キリル総主教は、ローマ教皇との会談を行ったのです。

これは他でもなく、正教会を代表するのはコンスタンティノープルではなく、モスクワであることを世界に認めさせるためでした。

ローマ教皇庁の立場は「正教会を代表するのは、全地総主教であるコンスタンティノープルである」というものだったからです。いわばキリル総主教は、モスクワ総主教庁の箔づけのためにローマ教皇に会ったのです。

2018年4月に、米国によるシリア攻撃が発生した際には、キリル総主教は教皇フランシスコに働きかけて、シリアに関する共同声明の発表を持ちかけました。

内容はバチカンの主張を入れたので、当初あった「米国非難」という文言は消えていますが、教皇が発出の条件とした、コンスタンティノープル全地総主教を声明発出者に加えることは無視します。そして、モスクワ総主教はローマ教皇との連名だとして、一方的に声明を発出したのです。

これも、ローマ教皇の正教会におけるカウンターパート（受け入れ代表教会）は、コンスタンティノープルではなく、モスクワにあるというデモンストレーションです。

なおロシアは、歴史的にも中東におけるキリスト教徒の庇護者を任じていましたが、2015年にロシアが行ったアサド政権支援のための軍事介入に関しては、アサド政権支援ということではなく、「キリスト教徒の保護につながる限りの介入である」という条件を付けて、キリル総主教は賛意を示しています。

### ◉ウクライナ正教会、モスクワからの分離独立をめざす

2014年に起こったロシアによるクリミア併合と、それに続く東部におけるロシア軍の介入で多くの死傷者を出したことは、当然、ウクライナ国内で、正教会が敵国であるロシア正教会を母教会とすることはおかしいとの意見を強めました。

それまで、自分の通う教会がモスクワ総主教庁に属しているのか、キーウ総主教庁に属しているのかについて無関心であった人たちも騒ぎ出したのです。

モスクワ総主教庁の管轄下にあるウクライナ正教会の考えも、一つではありません。親ロシアでモスクワ総主教庁の管轄を受け入れている人がいるかと思えば、ロシアは嫌いだけれども教会法上合法なのでモスクワ総主教庁の管轄下にある教会にとどまっている人もいるし、ロシアが嫌いなのでキーウ総主教庁に移りたいという人たちもいるわけです。

ここで、ポロシェンコ大統領が動き出します。コンスタンティノープルを訪れて、バルトロメオ全地総主教の意向を確かめたのです。これに対してバルトロメオ全地総主教は、以下のような返答を行いました。

(1)コンスタンティノープルは、16世紀のモスクワ総主教庁設立も自己の有する権限で行った(88頁)。17世紀に、ウクライナの正教会の管轄権をモスクワに与えたが、これも自己の権限で行った(99頁)。この権限は、5世紀のカルケドン公会議においてコンスタンティノープルに与えられたスラブを管轄するという特権であり、現在も有効である。

(2)ウクライナに存在する三つの正教会(モスクワ系、キーウ系、独立系)が合同でウクライナ独立教会樹立の許可願いを出す必要がある。

(3)ウクライナ政府からも同様の許可願いを提出する必要がある。

これを受けてポロシェンコ大統領は、ウクライナ正教会独立の「トモス(独立正教会を認める文書)」をコンスタンティノープルから得るための政策を実行に移しました。

宗教内の問題に政治が関与することについての批判もありましたが、そのような意見に対するポロシェンコの反論は、ウクライナ正教会の独立問題は、ロシアがウクライナに対する影響力を保持するための道具として正教会を使っていることからして、政治問題であるというものでした。

ヤツニューク首相は、著者に対し、モスクワ総主教庁の修道院の中にはロシアのスパイの巣窟（そうくつ）となっているところがあり、安全保障上から、モスクワから独立したウクライナ正教会の設立が急務であると述べています。確かに、モスクワ総主教庁の対外担当であるヒラリオン主教が、政府の一員でもないのにロシア外交旅券を有していることは、ロシア政府とモスクワ総主教との密接な関係を示す一例でしょう。

当然、この動きにプーチンとキリル総主教は猛反発します。2018年8月末には、キリル総主教自身がコンスタンティノープルに乗り込み、翻意を促しました。ヒラリオン主教は、ローマ教皇のみならず各国の宗教指導者に会って、独立阻止の働きかけを行っています。

2018年10月にはイスタンブールで行われたシリア内戦に関する会議（ドイツ、ロシア、フランス、トルコによる）の場において、プーチンはメルケル・ドイツ首相に対し、シリア問題はそっちのけで、ウクライナ正教会の独立がいかに危険なものであるかをぶちまけます。

同じ10月、モスクワ総主教庁は、コンスタンティノープル総主教庁に対して、破門の一歩手前の関係断絶を発表しました。ロシアの政府と教会が一体となって、これほどまでに反対した理由には、次のことが考えられます。

（1）モスクワ総主教は、キーウ・ルーシの主教座、すなわちイエスの使徒アンドレアによって建てられた教会を引き継ぐ者であることを主張することにより、コンスタンティノープルと並ぶ権威があることを示す必要がある。ところが、ウクライナ正教会との断絶が起こるとその説明ができず、モスクワ総主教庁はせいぜいモスクワに府主教庁が移った14世紀につくられた教会（82頁）となってしまう。これでは、使徒継承を誇るローマ、コンスタンティノープルといった古代五大教会の権威に到底かなわない。

（2）プーチンのルースキーミール論に立てば、ウクライナとロシアとは宗教的一体の証左として、モスクワ総主教庁を母教会とする一つの教会である必要がある。

（3）世界最大の正教会を自任するモスクワ総主教庁にとって、ウクライナを失うことは、信徒の3分の1を失うことになる。

（4）ウクライナには11世紀に遡るペチュルスカ大修道院をはじめとして数多くの正教会の聖地があり、その多くはこれまでモスクワ総主教庁の管理下に置かれていた。これらが新しく誕生したウクライナ正教会に移管することになれば、多くの聖地を失うことになる。

### ◉ついに「教会法上合法な存在」と認められる

2018年12月、キーウの歴史的聖堂であるソフィア大聖堂において、キーウ総主教庁に属する主教、ウクライナ独立正教会の主教とモスクワ総主教庁から2名の主教が参加して、教会会議（シノッド）が開かれます。ここで、三つに分裂していたウクライナ正教会が一致した意見として、コンスタンティノープル全地総主教に独立教会設立の認可（トモス）を求めることが決定されたのです。

モスクワ総主教庁は、この会議に参加した2名の主教を背教者であるとして非難するとともに、この決定は「無効」であることを宣言しました。

この教会会議においては、エピファニー主教を首座府主教とすることが決定され、フィラレート総主教には名誉総主教の称号が贈られました。こうして2019年1月、ウクライナに、教会法上合法的な独立教会が誕生したのです。

左から、エピファニー首座府主教とフィラレート名誉総主教、著者夫妻

ただ、首座府主教エピファニーの称号は、最高位とされる総主教ではなく「キーウ及び全ウクライナの府主教」とされました。総主教の称号を得るためには、コンスタンティノープルだけではなく、アレキサンドリア、エルサレム、アンティオキアといった、その他の総主教の同意が必要であると考えられたからです。

ところがこの段階で、エピファニー首座府主教とフィラレート名誉総主教の間で論争が起こります。フィラレート名誉総主教にしてみれば、ウクライナ正教会が設立されても、これまでの功績から実質的には自分が首位であるとの思いがあったのでしょう。エピファニー首座府主教の運営に異議を唱え、さっさと新しい総主教庁の設立を宣言してしまったのです。フィラレート名誉総主教に従う聖職者は少数ですが、禍根を残すことに変わりはありません。

それとは別に、コンスタンティノープルのバルトロメオ全地総主教は、全東方正教会に書簡を発出し、キーウ首座府主教庁ウクライナ正教会を、ウクライナにおける唯一の正教会として認めることを要請します。

2022年7月の段階で、アレキサンドリア総主教、ギリシャ首座府主教、キプロス首座大主教が、キーウ首座府主教庁に属するウクライナ正教会を、教会法上唯一の合法な正教会として認めるという声明を発しています。ウクライナ正教会を認める動きは徐々にですが、広がっているのです。

### ◉モスクワ総主教庁側の訴えで、二つの正教会が存続

これに対して、モスクワ総主教庁は反撃に出ます。

古来、アレキサンドリア総主教の称号は「アレキサンドリアと全アフリカの総主教」で、アフリカの管轄はアレキサンドリアと決まっていました。しかし2021年12月、キリル総主教は、アフリカにおいてアレキサンドリア総主教庁の管轄下の司祭を、モスクワ総主教庁に迎え入れると発表したのです。

これは、アレキサンドリア総主教庁に対する明らかな嫌がらせです。さらにモスクワ総主教庁は、ウクライナ正教会を認めたアレキサンドリア、ギリシャ、キプロスの正教会に対しても断絶を宣言します。

２０１９年5月に大統領に就任したゼレンスキーは、ウクライナ教会独立問題は教会内の問題であるとして、前任のポロシェンコに比べて距離を置いた対応をしています。これに対し、米国は独立に全面的な祝意を表明しており、２０２０年1月にウクライナを訪問したポンペオ国務長官は、エピファニー首座府主教を訪れて祝意を伝えました。

ローマ教皇庁は、この問題は正教内部の問題であるとして関与しないとの立場ですが、ウクライナにおけるギリシャ・カトリック教会のスビアトスラブ主座主大司教は、エピファニー首座府主教に対して祝意を表明しています。

しかし今度は､モスクワ総主教庁に属する正教会の教会法上の合法性が問題となります。教会法上は、ウクライナにおけるウクライナ正教会は、キーウ首座府主教庁しか存在しないからです。

ウクライナ最高会議は法律を採択して、今後モスクワ総主教庁に属する教会が、ウクライナ正教会と名乗ることを違法とします。名称をロシア正教会に改名することを求めたのです。これに対してモスクワ総主教庁側は、憲法裁判所に、信教の自由を定めた条項に違反するとの訴えを起こします。憲法裁判所はその訴えを認める判決を下しました。従って、今日でも名称上は、二つのウクライナ正教会が存在しているのです。

2018年の12月には、オヌフリー・モスクワ総主教庁ウクライナ正教会首座府主教の使節が著者のところにきて、ウクライナ政府による迫害、嫌がらせが起こっていると訴えたこともありました。

### ◉ギリシャ・カトリック教会と正教会❶ヨハネ・パウロ2世のウクライナ訪問

ここで、第二次世界大戦後のギリシャ・カトリック教会の動きについて述べます。

ギリシャ・カトリック教会は、19世紀以降に盛んになったウクライナ独立運動の精神的支柱として、大きな影響力を持ちます。第一次世界大戦後はポーランド領に組み入れられた西部リビウを中心に活動を始めますが、第二次世界大戦中、ポーランド人の虐殺事件に教会が関与したとの疑いが生じました。

第二次世界大戦に起こったウクライナの独立運動は、すでに述べたように、ポーランド、ドイツ、そしてソ連に対して行われました。1943〜45年にかけて、ウクライナの西北部のヴォリーニ地方で、ウクライナの独立運動に否定的と見られていたポーランド人数万人を、ウクライナ独立運動（ＯＵＮ）の軍事部門であるウクライナ蜂起軍（ＵＰＡ）が殺害するという事件が起こります。それに対しポーランド側が報復として、ウクライナ住民を数万人殺害するという事件が起こったのです。

ここで問題となったのは、ギリシャ・カトリックの神父がポーランド人の殺害に関わったという疑惑です。もちろん、教会の指導的立場にある司教、特にユダヤ人を救ったことで有名なシェプティツキー大司教（109頁）は、殺害に関わった神父を非難しましたが、同じカトリック教徒が民族が違うという理由で殺し合い、それに教会の神父が関わったという事実は、その後のポーランドとウクライナの関係に暗い影を落としました。

ポーランドにとっては、ウクライナによるジェノサイドは両国間の未解決の問題だとして、大統領がたびたび取り上げる問題なのです。現在、ウクライナのギリシャ・カトリック教会とポーランドのカトリック教会は、合同の祈り、司教書簡の交換を行ってこの傷をいやす努力を行っています。

ギリシャ・カトリック教会と正教会との間にある教会帰属問題も、難しい問題です。

１９４６年に存在が否定されたギリシャ・カトリックの教会は、すべて正教会側に接収されました（116頁）。それが、1989年にゴルバチョフとローマ教皇ヨハネ・パウロ2世が会談したことで、ギリシャ・カトリック教会の再興が認められます。

しかしここで、接収されたギリシャ・カトリックの教会をどのように返還するのかが、問題になりました。

結局、この返還は、必ずしも平和的に行われませんでした。暴力も伴ったのです。正教会の神父の中には、ギリシャ・カトリックの信徒により突然教会を奪われた人が多数出たため、ギリシャ・カトリックと正教会の間の大きな問題に発展しました。

そうした中、2001年6月にローマ教皇ヨハネ・パウロ2世がウクライナを訪問します。ヨハネ・パウロ2世はポーランドの出身であり、共産主義の崩壊に大きな影響を与えた教皇です。

そんなヨハネ・パウロ2世のウクライナ訪問には、ある意図がありました。ヨハネ・パウロ2世はかねてから、ロシア正教会との関係改善を望み、モスクワ訪問を望んでいました。ところが、アレクセイ2世モスクワ総主教の反応は冷ややかでした。ロシア正教会の中には「ブレスト合意（90頁）は、カトリックがウクライナにおいて正教会をもぎ取った合意」と考える人が多く、正教徒をカトリックに改宗させることが教皇のロシア訪問の目的ではないかと、警戒する人が多かったのです。

ヨハネ・パウロ2世は、モスクワ訪問の試金石として、ギリシャ・カトリックと正教会が共存するウクライナへの訪問に意欲を燃やします。

クチマ大統領とギリシャ・カトリック教会の司教団は教皇を招待しましたが、アレクセイ2世総主教は訪問に反対の立場をとり、キーウでは訪問反対デモまで呼びかけています。ウクライナに到着したヨハネ・パウロ2世は、キーウとリビウを訪れて、ラテン典礼と東方典礼の双方でミサを行いました。するとキーウでは50万人、リビウでは150万人の信者がミサに参列し、熱狂的に教皇の訪問を歓迎したのです。それは、ヨハネ・パウロ2世の人気と、カトリック教会の影響力の強さを世界に印象づけるイベントでした。

モスクワ総主教庁関係者は、一人も教皇との会談を行わなかっただけでなく、教皇を迎えての政府行事を欠席して徹底的に教皇の訪問を無視しました。それと同時に、カトリック教会の影響力の強さに警戒感を強めたのです。結局、ヨハネ・パウロ2世のモスクワ訪問は実現しませんでした。

教皇の訪問から間もなく、ローマ教皇庁は、これまでロシアにおいて正式の教区ではなかった教区管理（apostolic Administration）を、正式の教区の設立に格上げすると発表します。これは要するに、モスクワにおいて総主教と並ぶ地位のカトリックの司教区を設立したことになります。

当然、正教会は反発しました。政府に働きかけて、ロシア在住の司教を含むカトリックの聖職者のビザを取り消させ、ロシアから追放するという対抗策を取ったのです。

## ◉ギリシャ・カトリック教会と正教会❷フランシスコとキリルの共同宣言

2005年、ギリシャ・カトリック教会は、ウクライナにおける本拠地をリビウからキーウに移しました。そして2012年に、ドニプロ川の旧市街の対岸に壮大な司教座聖堂を建築したのです。その献堂式が盛大に行われましたが、モスクワ総主教庁の正教会関係者は一人も出席しなかっただけでなく、建設に反対との立場を堅持したのです。

一方、キーウ総主教庁からは、関係者が献堂式後に行われたレセプションに出席しています。

2016年になって、教皇フランシスコとキリル総主教の会談がキューバで実現しましたが、そのときもロシア正教会内部に強い反対がありました。ただキリル総主教は、前任のアレクセイ2世と比べるとカトリックと対話を行うことには熱心でした。

この会談において、教皇フランシスコとキリル総主教は共同宣言を発しましたが、その中のウクライナに関する部分が「あまりにロシア寄り」であるとして、ウクライナ政府、ギリシャ・カトリック教会、そしてキーウ総主教庁を当惑させることになりました。

まず、2014年に起こったウクライナの紛争について、ウクライナのキリスト教徒に中立の立場を取るよう呼びかけていることは、ロシアの侵略行為を教皇が批判することを期待していたウクライナ側をがっかりさせます。ウクライナにしてみれば、ロシアが一方的にクリミアを違法併合しドンバスに兵を進めたのですから、教皇が中立の立場を取ることなど想像していませんでした。

次に、キーウ総主教庁とモスクワ総主教庁がウクライナ正教会の管轄権を争っている点に関しては、現行の教会法に基づく解決を訴えていますが、他の正教会から教会法上認められていないキーウ総主教庁からしてみれば、存在を否定されたようなものです。教会法上は、キーウ総主教庁なるものは認められていない存在だからです。

ギリシャ・カトリック教会に関しては、ギリシャ・カトリックが生まれた経緯（ブレスト合意）は、カトリックと正教会の一致合同に資するものではなかったと記されており、ギリシャ・カトリックが生まれたブレスト合意を否定するような言い方になっていました。ギリシャ・カトリック教会のスビアトスラブ首座主大司教は、かつてアルゼンチンで司牧に当たっていたことがあり、アルゼンチン出身の教皇フランシスコと親しい仲でした。そこで直接、教皇に抗議したのです。

スビアトスラブ首座主大司教が著者に述べたところによれば、抗議に対して教皇は「この宣言は、今後の研究のたたき台にしましょう」と言われたそうです。

グッゲロッチ駐ウクライナ・バチカン大使は、著者に対し、教皇庁の声明においては、非難（condemn）といった強い言葉は、行為を行った主体（人・国）に対しては使わないのが通例であると説明してくれました。

２０１９年１月に、コンスタンティノープル全地総主教がウクライナ正教会の独立を認めた際も、スビアトスラブ・ギリシャ・カトリック首座主大司教は「歓迎する」との声明を出しましたが、教皇庁は、正教内の問題であるとして一切のコメントを出しませんでした。カトリック教会内においても、教皇庁とウクライナ国内では温度差があるのです。

著者は、２０１６年６月にキーウを訪れたパロリン枢機卿（教皇庁において教皇に次ぐ国務長官）と親しく話をする機会を持ちましたが、同枢機卿は「ウクライナ正教会内の問題について、教皇庁は関与しない」と話していました。

# 6章 2022年のウクライナ侵攻の真実

2019〜

## ◉ゼレンスキー大統領の就任

２０１９年、ウクライナ大統領選が行われた結果、ゼレンスキーという俳優が大統領に当選しました。この選挙で特筆しておきたいのは、過去の選挙であったような親ロシアか親ＥＵかという争点は、この選挙においては全くなかったということです。大統領選を争ったポロシェンコもゼレンスキーも、ＥＵとＮＡＴＯへの加盟実現という外交の基本では一致していたのです。

ゼレンスキー大統領は当初、公約に掲げたロシアとの和平合意に取り組みました。２０１９年7月にプーチンと電話会談を行って、10月には、ロシアとの交渉には柔軟な姿勢が必要であるとのプランを発表します。しかし、このプランは国内から弱腰との非難を受け撤廃に追い込まれます。

こうして臨んだ12月のパリにおける「ノルマンディー・フォーマット」と呼ばれる会談（プーチン、マクロン・フランス大統領、メルケル・ドイツ首相が参加）において、プーチンからは、クリミア問題はすでに終わった問題であり議題にもできないこと、ドンバスに関しては自治権を与えるミンスク合意の即時実施を告げられたのです。

ゼレンスキーは外交の難しさを実感します。その後、ゼレンスキーはロシア文化の排除、及び、ＥＵとＮＡＴＯへの加盟実現に全力を注いでいきます。

ことに共産党時代からの汚職の撲滅は、大きな進展を見せました。高等反汚職裁判所が設置され、ポロシェンコ時代からの汚職対策が大きく前進したのです。

一方で、汚職対策の根幹を揺るがす事件も起きました。

公務員は、自分の資産を電子資産申告制度により申告することを求められており、国民がそれにアクセスしてチェックできるという制度も確立したのです。ところが、２０２０年10月に憲法裁判所は、この制度が個人のプライバシーを守ることを定めた憲法の規定に反しており、違憲であるとの判決を下しました。

ゼレンスキーは、違憲判決と徹底的に戦い、最終的には汚職防止庁の権限の復活と、憲法裁判所所長の更迭（こうてつ）で、汚職改革崩壊の危機は脱しました。これは国民から高く評価されました。

2021年10月には「反オリガルヒ法」というオリガルヒの影響を排除する法律も採択しています。しかし、その内容がゼレンスキーの政敵を攻撃するためのものだとして、最高会議で大論争になりました。ポロシェンコ前大統領の次の選挙出馬阻止を狙った、政治色の強い法律であるというのです。

なお、この法律に抗議したラズムコフという最高会議議長は、ゼレンスキーによって職を解かれています。このラズムコフはゼレンスキーの盟友として、大統領を支えてきた政治家でした。

### ◉ゼレンスキーの「仕事」がプーチンを怒らせた？

2020年、前年に成立していた「言語法」が移行期間を経て、実行に移されました。ウクライナ語が公用語と認められ、中学・高校における授業がウクライナ語化されたのです。大学と小学校においては、その土地で話される言語、すなわちロシア語、ハンガリー語、ポーランド語による授業は認められています。

２０２１年、米国ではジョー・バイデン大統領が就任します。バイデンは、オバマ大統領の副大統領時代にウクライナをたびたび訪れていることから、ウクライナ問題に何ら関心を示さなかった前任のトランプ大統領とは違うと歓迎されました。

同年5月には、ロシア系テレビ局がロシアのプロパガンダになっているとして閉鎖させられます。また同時期に、プーチンが娘の名付け親（ゴッドファーザー）になっている親ロシア派の有力政治家メドベチュクが、スパイ容疑で自宅拘禁になります。

7月に「先住民法」が制定されると、タタール人をはじめとする少数民族の文化・言語の保障が約束されますが、ロシア語の保障は入っていませんでした。

8月には、各国の首脳の出席を得て、クリミア解放国際会議がキーウ（キエフ）において開催されます。そして10月、トルコより供与されたドローンがドンバスにおける親ロシア勢力に対して使われ、その威力が喧伝（けんでん）されました。

こうした政策に対して、プーチンがゼレンスキーに対する個人的憎悪を募らせたことは想像に難くないでしょう。プーチンにとってゼレンスキーは、ウクライナを反ロシアに導くという意味で、ネオナチ・バンデーラ（110頁）なのです。

ゼレンスキーは、大統領になった当初は圧倒的支持を得ていましたが、その人気は急速に衰え、２０２２年に入ってロシアとの関係が悪化すると、その支持率は7パーセントを切るところまで落ち込んでいました。そうして2月24日早朝、キーウに突如、ロシアのミサイルが撃ち込まれてロシアのウクライナ侵攻が始まったのです。

ゼレンスキーはロシアの侵攻に対して毅然たる態度を取りました。キーウの大統領官邸から国民に対して祖国防衛を呼びかけたのです。米国はゼレンスキーに、キーウからの退却を提案しましたが、ゼレンスキーはその提案を拒否してキーウに踏みとどまります。

ロシアに立ち向かうゼレンスキーの姿を見たウクライナ国民は、自国の大統領に圧倒的な支持を表明し、その支持率は9割を超えました。日本をはじめとする国際社会も、ウクライナ支援と支持で一色になったことは記憶に新しいでしょう。

## ◉プーチン大統領とロシアのウクライナ観

それでは、一般のロシア人はウクライナをどう見ているのでしょうか。彼らがウクライナを見る目は、大きく見て三つあると考えられます。

一つめは、ウクライナの始まりであるキーウ・ルーシ公国は、のちにロシアと呼ばれるモスクワ公国が始まるずっと以前に存在しており、それを引き継ぐウクライナにはロシアと異なる文化、言語、宗教があるという考えです。これは現在のウクライナの人たちが有する考えと同じです。

二つめの考えは、ウクライナとロシアは、民族的にも文化的にも宗教的にも言語的にも一つであるとの考えです。ウクライナの東部から南部にかけてを「小ロシア」と呼んだ19世紀以後、ロシア帝国及びソビエト連邦において出てきた考えです。

この考えによりウクライナ語は禁止され、ウクライナの文化は破壊されました。この考えが極端に強くなれば、ウクライナの独自性を主張する人間は、危険人物として排除してよいということになります。

三つめの考えは、ウクライナの独自性を認めつつもその領土に関しては、キーウとドニプロ川の西側に限られるという考えです。東部のロシア語を日常会話に使う人々が住む地域はロシアの土地だったのに、1922年にボリシェビキ政権のレーニンが誤って、ウクライナ領にしてしまったという主張です。

プーチンが2021年7月に「ロシア人とウクライナ人の歴史的一体性に関して」と題して発表した論文は、後者二つの考えに基づいています。プーチンはこの論文において、

ウクライナの6代大統領ゼレンスキー。キーウにて(2022年3月16日)。

ロシアとウクライナは民族的にも言語的にも宗教的にも同じであり、ウクライナは、ロシアの下で限られた主権しか有しない国であると論じたのです。

これは「ルースキーミール」(148頁)と呼ばれる、ロシアを中心とした世界観です。こうしたプーチンの考えを具体的に表す手段として、モスクワ総主教庁がウクライナ、ベラルーシ、モルドバ、バルト3国(エストニア・ラトビア・リトアニア)の正教会を管轄下に置いていることは極めて好都合なのです。ポイントは、ロシアにおいて、このような考えを持つ人は決して少数ではないということです。

どのような考えも持つのは自由です。しかし、その実現のために、国際法上禁止されている武力の行使に訴えることは許されません。

プーチンと柔道を通じて親しくなり、ランチに招かれたことがある日本の柔道家によれば、プーチンが柔道において学んだことは、相手のスキを見つける「勘」だとのこと。プーチンが、自分でそう言ったのだそうです。

プーチンは、おそらくウクライナを攻撃するに際して、バイデン大統領は中国問題で手一杯だし、ドイツはメルケルが去り後任のショルツはEU内において指導力を発揮していないし、ゼレンスキーのウクライナ国内での支持率は低迷していることを見て、スキありと考えたのかもしれません。

プーチンの誤算は、これほどまで西側諸国がウクライナ支援で結束し、ウクライナ国民がゼレンスキーの下で結束することまでは読めなかったこと。柔道で鍛えた「勘」も、そこまでは及ばなかったのではないでしょうか。

## ◉ウクライナ侵略に対する各国の正教会の反応

2022年2月24日に発生したロシアのウクライナ侵攻に対しての、各正教会の反応を見てみましょう。

### 【モスクワ総主教庁の反応】

キリル総主教は、ロシアのウクライナ侵攻を擁護する発言を繰り返し行っています。2

014年のクリミア併合においては慎重な態度を維持したキリル総主教ですが、今次の侵攻に関しては、明確に支持を表明しています。

キリル総主教の考えは、3月10日にジュネーブにある世界教会協議会（WCC）に宛てた書簡に如実に表れています。この中で、キリル総主教の主張を要約すると、以下のようになります。

この対立の根源は、西側諸国とロシアとの関係にあります。1990年代までロシアは、その尊厳と安全保障を尊重されることが約束されていました。しかし、時がたつにつれて、あからさまにロシアを敵とする勢力がその国境に近づいてきたのです。ロシアの敵は、ウクライナに武器と戦争指導者をあふれさせるという手段を取ったのです。ウクライナ人やウクライナに住むロシア人を、精神的にロシアの敵に作り替えようとしたのです。

同じ目的を追求したのが、2018年にバルトロメオ・コンスタンティノープル総主教が起こした教会分裂です。それは、ウクライナ正教会に犠牲をもたらしました。ドンバス地方ではロシア語を話し、歴史的文化的権利を求める武力闘争が発生していました。しかし彼らの声は届きませんでした。

この悲劇的戦争は、何よりもロシアを弱体化しようとした大規模な地政学的戦略の一部になりました。西側諸国の指導者たちは、経済制裁をロシアに発動してロシアの国民を苦しめようとしています。ロシア嫌悪が西側諸国の間で広がっているのです。

まるでプーチンが書いたような書簡で、そこにはロシアの侵攻によって殺され、苦しんでいるウクライナの正教徒を思う心はみじんも感じられないし、平和を求める姿勢も全くありません。しかし、教会における総主教の役割は、一にも二にも良き牧者としてキリストの民と呼ばれる信徒を守るためにあるはずで、それを放棄したら総主教とは呼べないでしょう。

このような総主教の態度には、当然ロシア正教会内部にも批判が起こります。3月6日には200名を超えるロシア正教会の神父が、総主教の態度を糾弾する書簡を送りました。

6月7日には、正教会の渉外担当として世界に名前を知られたヒラリオン府主教の更迭が発表されました。ヒラリオン府主教はキリル総主教の右腕です。これまでは、ローマ教皇とキリル総主教の会談のアレンジ、コンスタンティノープル全地総主教によるウクライナ正教会独立認可の阻止のために努力した凄腕の人物ですが、今回の戦争には批判的なことで知られていました。

キリル総主教の立場に対しては、ロシア正教会の中にも、愛と平和を説くキリストの教えに反するとして批判する人たちがいるのです。

ロシア政府は、法律でロシア政府非難を取り締まる手段に出ました。マスコミが「特別軍事作戦」と呼ぶことは問題ないが、「戦争」と呼ぶことを禁止したのです。ロシア国内における反戦運動は厳しく取り締まられ、国内の報道は軍事侵攻を正当化するプロパガンダ一色になりました。正教会内での戦争反対の動きは完全に封じられたのです。

## 【モスクワ総主教庁ウクライナ正教会の反応】

今回の侵略に対しては、ペチュルスカ大修道院（モスクワ総主教庁）のオヌフリー首座府主教も平和を求めるとの声明を出しています。侵攻が始まる2月24日直前、オヌフリー府主教は、プーチンに対して侵略を行わないようにメッセージを発出しました。ただ、プーチンとロシア軍を直接非難する声明は出されませんでした。即時停戦を求めただけというのが実情です。

他方で、モスクワ総主教庁に属する主教の中から典礼（奉神礼）において、キリル総主教に対する祈りを行わないとの動きは出てきています。キリル総主教の立場には同意できないという精一杯の抵抗です。

また、ウクライナ国内の教会では、モスクワ総主教庁からキーウ府主教庁に移るという動きが出てきています。教区の信徒が神父を突き上げているのです。4月22日には、ウクライナ正教会（モスクワ総主教庁）の司祭300人が、モスクワ総主教庁に嘆願書を出し、キリル総主教の解任を求めました。

このような動きに抗しきれなくなったオヌフリー府主教は、5月27日には教会会議を開き、キリル総主教の立場を支持しないとしたうえで、モスクワ総主教庁との断絶を発表しました。

ただし、この断絶の具体的意味合いについては、不明な点が多くあります。それは、教会法上、独立を意味する「アウトケファリア」という語が使われていないからです。モスクワ総主教庁ウクライナ正教会においては、今回の侵略に対する対応は、教会内で二分されているというのが実情です。

一方でキリル総主教の発言は、ウクライナの信徒にとっては、自分たちを殺害しているロシア軍の侵略を支持していることと変わりないので、ウクライナ教会のロシア離れは今後加速していくものと思われます。

【キーウ首座府主教庁ウクライナ正教会の反応】

エピファニー首座府主教は、大天使ミカエル（キーウ市の守護の天使）がキーウを守ると述べたうえで、ロシアの侵略に対して勇敢に戦うウクライナ軍を称えるメッセージを発出しています。

エピファニー首座府主教は、外国の情報機関の情報として、ロシアによる同人の暗殺計画があったことも述べており、３日間にわたって夜半、ロシアのエージェントがミカエル黄金ドーム聖堂に侵入したと述べました。

ウクライナ正教会は、東部を中心に人道支援を活発に行っています。

【各国の正教会の反応】

それでは、各国の正教会はどのような反応を見せているのでしょうか。

バルトロメオ・コンスタンティノープル全地総主教は、ロシアの侵攻を「動機のない攻撃、主権国家と人権への侵害、人類、特に一般市民に対する野蛮な暴力行為である」との声明を、侵略直後に発出しています。

アレキサンドリアのセオドロス2世総主教は、プーチンを名指しして「自分を権力を持つものと信じ、自分の意見を他人に押し付け、現代の皇帝だと思っている」と非難しています。

3月14日には、ギリシャ正教会のイエロニモス大主教が、キリル総主教に対して世俗の指導者（プーチンのこと）が進めている戦争に反対してほしいとの声明を発表しました。

以上の正教会は、すでにウクライナ正教会の独立を認めたコンスタンティノープル全地総主教の決定を支持している教会で、プーチンに対する明確な非難を行っています。

これに対して、モスクワ総主教庁と昵懇であるとされるセルビア正教会のポルフィリエ総主教は「ロシアとウクライナという、同じ信仰を持つ友愛国家と民族が衝突したことに苦痛を感じており、武器使用の停止と対話の再開を祈っている」という発表を行いました。平和の重要性を訴え、戦争反対の立場は取っていますが、プーチンとロシアを糾弾していないことに注目されます。

このように、各国の正教会の声明は平和を希求しているという点は同じですが、プーチン非難まで踏み込んでいる声明と、戦争の責任がロシアにあることまでは述べていない声明で差異があることも注視すべきでしょう。

### ◉ローマ教皇が発出したメッセージ

ローマ教皇フランシスコは、3月16日にオンラインでキリル総主教と会談し、政治家の言葉ではなく、聖書の言葉で話すべきと述べました。その後、教皇は有力誌のインタビューに答えて、オンライン会談においてキリル総主教は、ロシアの侵略を正当化する文書の読み上げに終始したので、自分(教皇)からキリルの述べたことは理解できないと伝えた」と明らかにしました。

そのうえで教皇は、キリル総主教がプーチンの侍者(じしゃ)になるべきではないとの発言を行いました。5月18日には、教皇庁の外務担当のギャラガー大司教をキーウに派遣して、ウクライナで苦しむ人たちに寄り添う教皇の言葉を伝えました。

ただローマ教皇は、プーチン及びロシアを侵略者として直接非難することは避けています。そのため、ギャラガー大司教に対してウクライナ側から、教皇にもっと明確にプーチンを非難してほしいとの要望が出されました。

これに対してギャラガー長官は、教皇は、世界的視野でウクライナ問題を見ているので特定の人間を非難することは行わないが、ウクライナの人々の苦しみがロシアの侵略によってもたらされたこと、ウクライナの領土の一体性は損なわれてはならないことについては明確な立場を取っていると説明しました。

その後、6月14日に発行されたインタビューにおいて、教皇が、ロシア軍が行った残酷な行為を激しく非難しつつも「NATOがロシアの門前で吠えている」と述べて、ロシアの侵略行為の原因にNATOの東方拡大があるかのような印象を与えたことは、ウクライナ国内に大きな不満を巻き起こしました。

もちろん教皇は、ウクライナへの侵攻は、一国の自決権の侵害であるとのメッセージは発出しています。

他方で、ローマ教皇の首位権を認めるギリシャ・カトリック教会のスビアトスラブ首座主大司教は、明確に「ロシアによる侵略を非難する」という声明を発表しています。またキリル総主教が、ロシア軍の行っている残虐行為を正当化しているとして批判してもいます。

同時にスビアトスラブ首座主大司教は、教皇から、ウクライナの平和のためであれば何でもするとのメッセージを受け取っていることを明らかにしています。

## ◉ローマ教皇庁の真意はどこにあるか

ローマ教皇庁の一連の対応は、以下の考えに基づいていると思われます。

第一に、1962～65年に開催された第2バチカン公会議以降、カトリック教会は、教会一致運動（カトリック、正教、プロテスタントが教派を超えた結束をめざす運動）に熱心に取り組んできたことです。特に、正教会の最大勢力であるロシア正教との協力を模索してきました。

これは、モスクワ総主教の地位をコンスタンティノープルに並ぶものにしたいというキリル総主教の思惑とも一致して、2016年に教皇フランシスコとキリル総主教との会談が実現しました。

教皇庁は、キリスト教道徳に基づいた世界の再構築、シリアやイラクをはじめとする中東のキリスト教徒の保護において、ロシア正教会との協力を必要としています。こうした思惑もあって、キリル総主教を直接非難しないのでしょう。

第二に、教皇庁の米国に対する不信感です。特に2003年にジョージ・W・ブッシュ大統領が起こしたイラク攻撃に関しては、教皇ヨハネ・パウロ2世は、明確に反対の姿勢を示してきました。

教皇庁は、ブッシュがイラクに対して話し合いではなく、武力攻撃をいとも簡単に開始し、その結果イラクに大混乱とIS（イスラム国）の台頭をもたらしたこと、多くのキリスト教徒が殺害され、キリスト教の歴史的遺産が破壊されたことをきわめて遺憾と考えているのです。

こうしたことから教皇は、ウクライナ国民の苦しみといつも共にあるとの立場を堅持しつつも、米国とNATOのウクライナ軍事支援政策とは一線を画しているのでしょう。

第三に、調停の機会をうかがっていることです。教皇フランシスコは、プーチンとは、2013年、2015年、そして2019年と3回、バチカンで会談を行っています。このうち2回目と3回目の会談においては、ウクライナとシリア問題が大きな議題でした。

こうしたことから教皇は、今回のロシアによる侵攻に関して、プーチンを名指しで非難することは、調停の扉を閉めることになると考えているようです。実際に教皇は、いつでもプーチンと話し合う用意があることを明確に述べています。

ただこの姿勢に関しては、ギリシャ・カトリックを含むウクライナ、ポーランド、バル

ローマ教皇フランシスコとの個別謁見(2016)。
著者はその場でウクライナの苦しみを伝えた。

ト三国といったロシアの暴挙を強く批判する国の政府から、落胆の声が聞かれます。第二次世界大戦中に、教皇ピオ12世がナチスによるユダヤ虐殺（ホロコースト）に関して、沈黙を守ったことになぞらえる人もいるほどです。

教皇ピオ12世は、ユダヤ人を教会にかくまうといった努力は行いましたが、ヒトラーが行ったホロコーストに対しては、一度も明確な非難を行わなかったという批判があるためです。

ポーランド・カトリック教会も、ポーランド出身のヨハネ・パウロ2世が共産主義と毅然（きぜん）と対峙したことが、共産主義社会の崩壊と教会に対する迫害を終わらせた要因であるとして、今回の教皇フランシスコの対応に疑問を投げかけています。

なおプーチンは、教皇を訪れた際、３回とも会談に1時間以上遅れてきました。グッゲロッチ駐ウクライナ・バチカン大使が著者に語ったところによれば、教皇を待たすなどという非礼を行えば、ひと昔前であれば会談はキャンセルされたのみならず、破門にされてもおかしくない、これはスキャンダルだと怒っていました。

２０１６年10月、著者夫妻は、バチカン内の教皇の私的チャペルであるサンタマルタでフランシスコ教皇と個別にお話しする機会がありました。著者がその場で、ウクライナの人々の苦しみを伝えたところ、教皇は、彼らのために祈ることを約束されました。

# 終章

# モスクワを正教会の中心地にしたいのなら

## ◉あらゆる意味で〝純粋培養〟のロシア

ロシア正教会は、その始まりを1326年にモスクワに正教会の府主教庁が移ってきたことに求めれば、700年の歴史があります。その長い歴史を見て驚くのは、ほとんど外部からの影響を受けずに独自の殻に閉じ込もった形で発展してきたことです。このことは初めの部分で述べました。

15世紀にフィレンツェにおいて行われた、カトリックと正教会の合同一致の取り決めに真っ先に反対したのは、ロシア正教会でした。17世紀には、モスクワのニーコン総主教がロシアの正教会がギリシャの正教会の神学、典礼とあまりに遊離しているとして改革を試みましたが、この改革は、ロシアの伝統こそが正当と考える人たちから大きな抵抗を受けています。

これより少し前、キーウ（キエフ）においてはモヒラというペチュルスカ修道院長が、ギリシャ哲学、スコラ哲学といったカトリックの思想を取り入れた教育を始めました。このコレギアからは、ピョートル帝が行った西欧化政策の担い手が育ちました。しかし、この教育方針にも、ロシア正教会からは伝統的なロシアの文化を破壊するとの非難があったのです。

ロシア正教会は、西欧のような宗教改革も啓蒙思想も経験しませんでした。共産主義政権下で迫害は受けますが、ロシア正教会の純粋培養といった状況は変わりません。今日、ロシア正教会がロシア人の民族主義と深く結びつき、「ルースキーミール」というロシアが形作る世界を一つの小宇宙と考える思想の支柱となっている事実は、このような歴史によって育まれたといっても過言ではないでしょう。

とはいえ現在のロシアにおいて、正教会がどのくらいの影響力を持っているのかは、じつは難しい問題といえます。

２０１２年に、ロシア国内のレバダ・センターという独立系の調査機関が行った統計によれば、ロシア国民の74パーセントがロシア正教会の信者であると答えています。ところが、そのうち聖書を読んだことがあると答えた人は40パーセント、教会に定期的に祈りに行くと答えた人は33パーセントに減ってしまうのです。毎日曜日教会の典礼にあずかるという人の数は、さらに減って7パーセントです。

これは、ロシア人の多くが民族のアイデンティティとして正教会を挙げているものの、教会の教えを具体的に理解しているかについては疑問があるといえそうです。

### ◉さまざまな勢力の影響を受けたウクライナ

このようなロシアに対して、ウクライナは違います。

988年にウラジミール大公が正教を受け入れ、キーウ（キエフ）・ルーシ公国の繁栄を経験したのち、13世紀にタタールの支配が始まりました。それは100年で終わりましたが、14世紀からはリトアニア、そしてポーランドの長い支配を受けてきたのです。そして宗教改革、啓蒙思想を経験します。そうしたうえで、専制的ではないコサックという独自の制度も発達させてきたのがウクライナです。

18世紀の終わりになって、ロシアがウクライナのほとんどを支配しますが、そのときも西側はオーストリア帝国の支配下にありました。20世紀に入ると激しい独立運動を何回も起こします。

このようにウクライナは、常に西欧とロシアという異なる文化が交じり合う地域として発展してきた世界なのです。それが現在のモスクワ総主教庁正教会、キーウ首座府主教庁正教会、そしてギリシャ・カトリック教会という三つの教会が並び立つ世界となって表れているのです。

2018年にウクライナ国内の調査機関ラズムコフ・センターが行った調査によれば、国民の61パーセントが正教会に属すると答え、そのうち28・7パーセントがキーウ総主教庁に属すると答え、12・8パーセントがモスクワ総主教庁に属すると答えています。

なお、23・4パーセントは、どちらに属するかを明確にすることなく正教徒であるとだけ答えました。ギリシャ・カトリックに属すると答えた人数は9・1パーセントです。

また、キーウ総主教庁に属すると答えた人は、2000年には12・1パーセントでしたから、2018年の28・7パーセントという数字を見ると、2倍以上に増えていることがわかります。モスクワ総主教府に属すると答えた人数はその間、ほぼ横ばいです。

ただ、ギリシャ・カトリック教徒の半数は、毎日曜日のミサを欠かしたことがないとしているのに対し、正教徒で毎日曜日の典礼を欠かしたことがないという人の数は10パーセントほどでした。

## ◉今、ロシア正教会の本気度が問われている

2022年のロシアによるウクライナ侵攻において、平和を希求すべき立場にあるキリル総主教が明確に戦争を正当化したことは、世界の正教会にいやしがたい衝撃を与えました。キリル総主教がロシアの視点だけでこの侵攻を捉え、ウクライナにおける信徒の苦しみに何の配慮も見せないからです。

あれほど主張していたロシアとウクライナの宗教的一体性を破壊しているのは、キリル総主教自身だといえるでしょう。

ロシア正教会は、ウクライナ正教会の独立を不服として、すでにコンスタンティノープル全地総主教、アレキサンドリア総主教、ギリシャ正教会、キプロス正教会に対して断絶を宣言してもいます。今回のキリル総主教の対応により、ロシア正教会は、正教会の世界においても孤立を深めるでしょう。

今後、引き続きロシア正教会が独自の世界に閉じ込もり、ルースキーミールの世界だけ

で生きていくのか、ローマ教皇庁のように世界の平和と安定をもたらす開かれたものになっていくのかが、今問われています。

キリル総主教が、モスクワを「第3のローマ」として世界の正教会の中心地にしたいと考えるならば、ロシアの国益だけではなく、世界に約2億8000万人いるといわれる正教徒すべての幸せを考える必要があるのです。

最後に、すべてのキリスト教徒が、イエスの言われた「心と力を尽くして神を愛し、隣人を自分のように愛しなさい」との言葉を噛みしめることによって、ウクライナに一日も早い正義と平和がもたらされることを祈りつつ筆をおきます。

## あとがき――

ウクライナの人は本当に親切です。公邸で使う花を家内と買いにいくと、花屋のおばさんが一生懸命花の説明をしてくれました。オペラ座のコートチェックのおばさんは、いつも笑顔で迎えてくれました。

私は東部の紛争地帯を何度も訪れましたが、日本の援助で修復された家のおばあさんが泣きながら、日本の支援に繰り返し感謝していたことを昨日のように思い出します。その人たちの幸せが、ウクライナ侵攻で一瞬のうちに失われたと思うと心が痛む毎日です。

歴史と建物が好きな私は、教会、宮殿、庭園を求めてずいぶんウクライナ国内を旅行しました。1000年の歴史がある国のこと、見るところには事欠きません。オデーサはエカチェリーナ帝が築いた街なのでサンクトペテルブルクの趣(おもむき)があり、リビウはオーストリア・ハンガリー帝国時代の栄光を物語るウィーンの趣があります。まさしくウクライナは、スラブ文化とカトリック文化が衝突し、独自の文化を生み出した地なのです。

こうした複雑な歴史を「正教会」というレンズを通すことで、今回のロシアの侵攻が、ロシアとNATOの対立という簡単な図式だけでは説明できず、ウクライナとロシアの長い歴史が関係していることを理解していただけたのであれば幸いです。

# 年表

| | |
|---|---|
| ８６１～８６３年 | キュリロスとメトディオスがスラブ地域で布教。キリル文字が作られる |
| ９８８年 | キーウ（キエフ）・ルーシ大公ウラジミールがキリスト教を受容。正教を国教とする |
| １０１７年または１０３７年 | キーウに聖ソフィア大聖堂が建設される |
| １０５４年 | カトリック教会と正教会の分裂 |
| １２０４年 | 第四次十字軍がコンスタンティノープルを攻略。ラテン帝国を創建 |
| １２４０年 | タタールによりキーウが陥落 |
| １２９９年 | 府主教庁がキーウからウラジミールに移転 |
| １３２６年 | 府主教庁がウラジミールからモスクワに移転 |
| １４３９年 | フィレンツェ公会議で東西教会が再合同 |
| １４４８年 | ロシアが独自にモスクワ府主教を任命する |
| １４５３年 | ビザンティン帝国の滅亡 |
| １５１７年 | マルティン・ルターによる宗教改革 |

| | |
|---|---|
| １５８９年 | モスクワ総主教がコンスタンティノープル総主教庁から独立する |
| １５９６年 | ブレスト合意によりギリシャ・カトリック教会が誕生 |
| １６２０年 | キーウにおいて正教会の府主教庁が回復。この結果、ウクライナにおいて、正教会とギリシャ・カトリック教会が併存 |
| １６３２年 | キーウ・モヒラ・コレギアの設立 |
| １６５３年 | ニーコン総主教による改革 |
| １６５４年 | ペレヤスラフ協定 |
| １６８６年 | キーウ府主教の任命権をモスクワ総主教庁が得る |
| １７０９年 | ポルタヴァの戦い（スウェーデンとウクライナコサック連合軍がロシアに敗れる） |
| １７２１年 | ピョートル帝、モスクワ総主教制度を廃止 |
| １８５３〜５６年 | クリミア戦争 |
| １９１４〜１８年 | 第一次世界大戦 |
| １９１７年 | ロマノフ王朝が終焉、モスクワ総主教庁の復活。チーホン総主教が着座 |
| | 中央ラーダ（ウクライナ人民共和国）成立 |
| １９２２年 | ウクライナ独立正教会が誕生 |

| | |
|---|---|
| 1925年 | セルゲイ総主教代理が着座 |
| 1927年 | セルゲイ総主教代理が「国家に対する忠誠宣言」を発出 |
| 1932~33年 | ウクライナにおいてホロドモール（大飢饉）が発生 |
| 1939~45年 | 第二次世界大戦 |
| 1941年 | ナチスドイツ軍がソ連戦争を開始 |
| | キーウ郊外バビ・ヤールでユダヤ人が大虐殺される |
| 1943年 | スターリンが正教関係者と会談。セルゲイ総主教を正式に総主教として着座させる |
| 1946年 | ギリシャ・カトリック教会が非合法化される（ブレスト合意の破棄） |
| 1948年 | スターリンがモスクワで汎正教会会議を開催 |
| 1954年 | フルシチョフ書記によるクリミアのウクライナ移管 |
| 1965年 | 教皇パウロ6世とアテナゴラス全地総主教が破門取り消し宣言 |
| 1978年 | 教皇ヨハネ・パウロ2世即位 |
| 1986年 | チョルノービリ（チェルノブイリ）原発事故 |
| 1988年 | モスクワにて、ウラジミール大公キリスト教受容1000年祭 |
| 1989年 | 教皇ヨハネ・パウロ2世とゴルバチョフが会談し、ギリシャ・カトリック教会が合法化 |

| | |
|---|---|
| １９９１年８月 | ウクライナが独立宣言 |
| 12月 | クラウチュークがウクライナ初代大統領に就任 |
| 12月 | ソビエト連邦消滅 |
| １９９４年７月 | クチマがウクライナ大統領に就任 |
| 12月 | ブタペスト合意によりウクライナが核を放棄 |
| １９９７年 | ロシアとウクライナにおいて、黒海艦隊のクリミア・セバストポリ軍港使用合意協定 |
| ２０００年 | プーチンがロシア大統領に就任 |
| ２００１年 | 教皇ヨハネ・パウロ２世がウクライナを訪問 |
| ２００４年 | オレンジ革命。ユーシチェンコ大統領が当選 |
| ２００８年４月 | ウクライナがＮＡＴＯ加盟申請 |
| ５月 | メドベージェフがロシア大統領に就任 |
| ８月 | キーウにて、ウラジミール大公キリスト教受容１０２０年祭 |
| ２００９年 | キリル総主教が着座 |
| ２０１０年 | ヤヌコビッチがウクライナ大統領に就任 |

| | | |
|---|---|---|
| ２０１２年 | | プーチンがロシア大統領に復帰 |
| ２０１３年 | ７月 | ウラジミール大公キリスト教受容１０２５年式典がロシア、ウクライナ、ベラルーシで行われる |
| | 11月 | マイダン尊厳革命が始まる |
| ２０１４年 | ２月 | ロシアがクリミアを軍事占拠し、その後違法に併合する |
| | ６月 | ポロシェンコがウクライナ大統領に就任 |
| | ９月 | 第一次ミンスク合意 |
| ２０１５年 | | 第二次ミンスク合意 |
| ２０１６年 | ２月 | キューバで教皇フランシスコとキリル総主教が会談 |
| | ６月 | キリル総主教がクレタにおける汎正教会会議を欠席 |
| ２０１９年 | １月 | コンスタンティノープル全地総主教が、ウクライナ正教会独立のトモスを交付 |
| | ５月 | ゼレンスキーがウクライナ大統領に就任 |
| | 12月 | ロシア、ウクライナ、ドイツ、フランス首脳によるノルマンディー・フォーマット会談 |
| ２０２１年 | | プーチン大統領が論文「ロシア人とウクライナ人の歴史的一体性に関して」を発表 |
| ２０２２年 | | ロシアがウクライナに侵攻開始 |

## 【参考文献】


廣岡正久『ロシア正教の千年』（講談社学術文庫）
久松英二『ギリシャ正教　東方の智』（講談社選書メチエ）
大森正樹『東方憧憬　キリスト教東方の精神を求めて』（新世社）
平野高志『ウクライナ・ファンブック　東スラブの源泉・中東欧の穴場国』（合同会社パブリブ）
黒川祐次『物語　ウクライナの歴史―ヨーロッパ最後の大国』（中公新書）
ロバート・ウォーレス『ロシア』（タイム・ライフ）
高橋保行『イコンのこころ』（春秋社）
廣瀬陽子『ハイブリッド戦争　ロシアの新しい国家戦略』（講談社現代新書）
教皇庁正義と平和評議会『教会の社会教説綱要』（カトリック中央協議会）
松本佐保『バチカン近現代史　ローマ教皇たちの「近代」との格闘』（中公新書）
中村逸郎『ろくでなしのロシア　プーチンとロシア正教』（講談社）
世界の文化史蹟『ビザンティンの世界』（講談社）
Timothy Ware The Orthodox Church Penguin Literature
Serhii Plokhy The Gates of Europe Penguin History
Nicholas E. Denysenko The Orthodox Church in Ukraine Northern Illinois Univ Pr
Oleksandr Trofymliuk Kyiv Patriarchate under the Aegis of His Holiness Patriarch Filaret
The UOC of Kyiv Patriarchate
The Lavra Four Seasons Pechersk Lavra

ウクライナ侵攻とロシア正教会

2022年8月20日　初版印刷
2022年8月30日　初版発行

著者◉角 茂樹

企画・編集◉株式会社夢の設計社
東京都新宿区山吹町261　〒162-0801
電話 (03)3267-7851(編集)

発行者◉小野寺優

発行所◉株式会社河出書房新社
東京都渋谷区千駄ヶ谷2-32-2　〒151-0051
電話 (03)3404-1201(営業)
https://www.kawade.co.jp/

DTP◉イールプランニング

印刷・製本◉中央精版印刷株式会社

Printed in Japan ISBN978-4-309-50439-1

河出書房新社

# 地球を掘りすすむと何があるか

廣瀬 敬

地球を
掘りすすむと
何があるか

Hirose Kei
廣瀬 敬

KAWADE夢新書

▼3㎞掘ると多様な生命の〝森〟が茂る！
▼150㎞掘るとダイヤモンドの塊が！
▼2900㎞掘ると液体金属が対流！

地球はなぜ〝奇跡の星〟と呼ばれるのか？
その答えは地底にあった！

高圧地球科学者が徹底ガイド